Jeroen Toirkens

Jelle Brandt Corstius

BOREALIS

trees and people of the northern forest

LANNOO

Voorwoord

Van 2015 tot en met 2019 maakte ik met fotograaf Jeroen Toirkens acht reizen naar de noordelijkste bossen van de wereld. We keken goed om ons heen en legden ons oor te luisteren bij de mensen die deze onherbergzame streken bewonen. Hoe leven en overleven zij? Wat nemen zij van de aarde en wat geven ze haar terug? De laatste bestemming was een afgelegen hut in het woeste Alaska. Dit keer waren we op onszelf aangewezen. Hier blikten we terug op onze omzwervingen in het grootste – maar weinig bekende – bos van de wereld: het boreale bos.

Jelle Brandt Corstius

Preface

From 2015 up to 2019, I made eight trips with photographer Jeroen Toirkens to the world's northernmost forests. We took in our surroundings carefully and listened attentively to the people who inhabit these inhospitable regions. How do they live and survive? What do they take from the earth, and what do they give back to her? Our final destination was a remote cabin in the wilds of Alaska. This time we were on our own. And here we looked back on our peregrinations through the world's largest – yet little-known – forest: the boreal forest.

Jelle Brandt Corstius

Carbon storage in forests

- ● Boreal forest: 49% (563.5 Gt)
- ● Tropical forest: 37% (425.5 Gt)
- ● Temperate forest: 14% (147 Gt)

The total carbon stored in forest ecosystems is estimated to be about 1150 gigatons, of which 49% is stored in boreal forests, 37% in tropical forests and 14% in temperate forests. Approximately two-thirds of the total carbon is stored in the soil, and one-third in the vegetation. In the tropics the carbon is partitioned more or less equally between vegetation and soil. In the boreal zone, however, 84% of the carbon is stored in soil and only 16% is stored in vegetation. The primary cause for this difference is temperature.

Source: Y. Malhi, D. D. Baldocchi and P. G. Jarvis, 'The carbon balance of tropical, temperate and boreal forests', *Plant, Cell & Environment* 22.6 (1999): 715–40.

1 – The loggers
Norway, Øvre Pasvik
May 2016

2 – Research
Japan, Hokkaido
September 2016

3 – Rewilding Scotland
Scotland, Glen Affric
February 2017

4 – The Cree
Canada, Broadback Valley
January 2018

5 – Living in the woods
Russia, Berdyshikha
March 2018

6 – Survival in the forest
Norway, Harstadt
February 2019

7 – Fires
Russia, Buryatia
August 2019

8 – The Great Northern Forest
Alaska, Kenai Fjords National Park
September 2019

Boreal zone

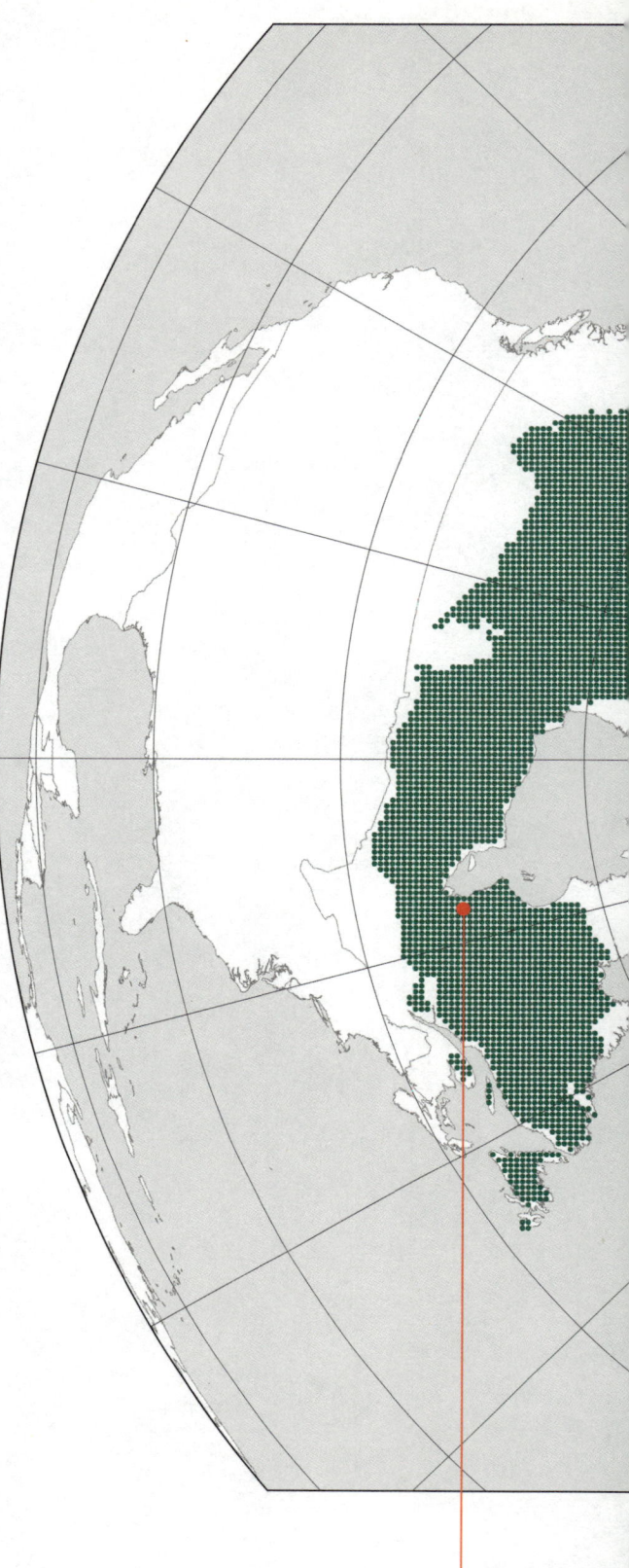

4

North
Pole

8   3   6   1   5   2   7

In Alaska

Net als elke ochtend maakt een ijsduiker ons wakker. Wij mogen dan wel in het enige hutje aan het meer verblijven, ijsduikers zijn hier de enige echte bazen. Hun gezang klinkt een beetje als het gehuil van een wolf, maar dan uit een vogelbek. We tellen twee paartjes. Als het ene paartje iets roept, antwoordt het andere beleefd terug.

'Goedemorgen!' 'Ook goedemorgen!', stel ik mij zo voor.

Samen met fotograaf Jeroen Toirkens logeer ik in een hutje aan het toepasselijk genaamde Vogel Lake, in het Kenai Fjords National Park in Alaska. Wegen zijn nergens te bespeuren. In de winter, als het water is dichtgevroren, kun je met een sneeuwscooter tot hier komen, maar het is pas september. De enige manier om nu te reizen is per watervliegtuig, twintig minuten vanuit Anchorage, de grootste stad van de Amerikaanse staat. Alaska, voor een gedeelte gelegen boven de poolcirkel, is de droom van elke avonturier: vijf keer zo groot als Duitsland, waarvan het merendeel wildernis.

Bij aankomst was de piloot zo vriendelijk ons te helpen bij het uitladen van onze spullen en proviand; met lieslaarzen stonden we met z'n drieën in het water. 'Jullie hebben wel een plek uitgekozen, zeg', zei hij verrast. 'Rondom het meer alleen maar dicht bos. Geen paden, veel begroeiing. Beren, dat ook. Veel kun je hier niet doen. Jullie hadden wat meer bier moeten meenemen!' Waarop hij het vliegtuig keerde en algauw achter de horizon verdween.

Vanaf dat moment bestaat mijn gezelschap uit Jeroen en de ijsduikers. En de bomen natuurlijk, die zich verdringen rondom het meer.

Dat bos is meteen ook de reden van deze reis, en de zeven andere reizen die Jeroen en ik in de afgelopen vier jaar hebben gemaakt. De bomen van het Vogelmeer maken deel uit van een vegetatiezone die zich uitstrekt over Alaska in het westen en overgaat in de bossen van Canada. Aan de overkant van de Atlantische Oceaan gaat het bos verder, via een plukje in Schotland en de bossen van Scandinavië naar het enorme woud van Rusland, dat zich uitspreidt tot aan de Beringstraat, en dan zijn we de wereld rond en terug in Alaska.

Dit wereldbos bestaat uit verrassend weinig boomsoorten: spar, den en berk vormen de hoofdmoot, met lariksen in het Hoge Noorden en af en toe een loofboom aan de zuidgrens. Het zijn de geharde overlevers van de boomwereld, die zelfs in de moeilijkste omstandigheden kunnen groeien. Een gebied met arme grond, koude nachten en duisternis in de winter.

Er zijn verschillende namen voor dit bos. Amerikanen en Canadezen hebben het over the Great Northern Forest of de boreale bossen (afgeleid van 'borealis', Latijn voor 'noordelijk'). Bekender is misschien het Russische woord 'taiga', eigenlijk een leenwoord van een van de nomadische volkeren die de taiga van Siberië bevolken. Pas vanaf de 16ᵉ eeuw gingen de Russen deze streek verkennen en zelfs in de 19ᵉ eeuw was het nog grotendeels onontgonnen gebied,

Just like every morning, we are awoken by a Great Northern Loon. We may be staying in the only cabin beside the lake, but the Great Northern Loons are the real bosses here. Their song sounds a bit like the howling of a wolf, only in this case coming from a bird's beak. We spot two pairs. If one pair calls out something, the other politely replies. 'Good morning!' 'Good morning to you!,' I imagine them saying.

Together with photographer Jeroen Toirkens, I am staying in a cabin beside the aptly named Vogel (Bird) Lake, in the Kenai Fjords National Park in Alaska. Roads are nowhere to be seen. In the winter, when the water is frozen solid, you can travel here by snowmobile, but it is only September. The one way to travel at this time of year is by seaplane, a twenty-minute flight from Anchorage, the biggest city in the American state. Alaska, part of which lies above the Arctic Circle, is every adventurer's dream: it is five times the size of Germany, and the majority of it is wilderness.

When we arrived, the pilot was kind enough to help us unload our baggage and provisions; all three of us were standing in the water in waders. 'You've picked quite a spot,' he said in surprise. 'Around the lake, there is only dense forest. No paths, a lot of vegetation. There are bears, too. There's not much to do here. You should have brought more beer!' Upon which he turned the plane around and soon disappeared behind the horizon.

From this point onwards, all I have for company are Jeroen and the Great Northern Loons. And the trees, of course, which are jostling for space around the lake.

The forest is the core reason for this trip, and the seven other trips that Jeroen and I have made over the past four years. The trees of Vogel Lake are part of a vegetation zone that extends over Alaska to the west and connects to the forests of Canada. The forest continues on the other side of the Atlantic Ocean, via a tuft in Scotland and the forests of Scandinavia to the enormous forest of Russia, which stretches up to the Bering Strait, and then we've travelled right around the world and are back in Alaska.

This global forest is made up of surprisingly few species of tree: spruce, pine and birch comprise the majority, with larch in the Far North, and the occasional deciduous tree on the southern border. These are the hardened survivors of the tree world, which can grow even in the most difficult conditions. It's a region with poor soil, cold nights and darkness in the winter.

There are various names for this forest. The Americans and the Canadians call it the Great Northern Forest or the boreal forests (derived from *borealis*, Latin for 'northern'). Better known is perhaps the Russian word *taiga*, which is actually a word loaned from one of the nomadic peoples who populate the Siberian taiga.

It was only beginning in the sixteenth century that the Russians went to explore this area, and even in the nineteenth century it was still largely virgin territory, as is apparent

As he does every day, Jeroen
takes a photo of a tree.
He calls it 'the tree of the day'.
This is trickier than you might
think, because an individual tree
is hard to pick out in a dense
forest like this.

zoals blijkt uit een fragment van Tsjechovs *De reis naar Sachalin*, waarin hij een trektocht door Siberië maakt:

> *Wat er ligt achter de bossen die zich ten noorden en ten zuiden van de weg uitstrekken en over hoeveel honderden wersten zij zich uitstrekken, dat weten zelfs de koetsiers en de boeren die in de taiga zijn geboren niet. Ze hebben een stoutmoediger verbeelding dan wij, maar ook zij durven de afmetingen van de taiga niet bij benadering te bepalen en op onze vraag antwoorden zij: 'Er is geen einde!'*

Ondanks de grootschalige bomenkap in de moderne tijd beslaat de boreale zone nog steeds een enorm gebied. Het is de grootste vegetatiezone ter wereld: 17,5 procent van de wereld is bedekt met taiga. Dit bos is om verschillende redenen van onschatbare waarde. Natuurlijk vanwege zijn schoonheid, en de dieren en planten die het bos beschermen. Maar zelfs voor natuurhaters is dit bos van belang. De taiga is namelijk een enorme opslagplaats van koolstof. In de bossen, veengronden en moerassen van de boreale zone zit 44 procent van de koolstof opgeslagen van alle beplanting op het land. Deze zogenoemde *carbon sinks* zijn belangrijk omdat deze koolstof anders in de atmosfeer zou belanden als CO_2, een broeikasgas. En het laatste wat de wereld nodig heeft, is nog meer CO_2.

Juist in de boreale zone zijn de effecten van de opwarming van de aarde merkbaar. Die opwarming gaat namelijk versneld in de buurt van de Noord- en Zuidpool: twee keer sneller in het Arctische gebied, waar de boreale zone aan grenst. Dat komt vooral door de plaatselijke afname van 'albedo', het vermogen van een oppervlak om het zonlicht te weerkaatsen. Door de opwarming van de aarde verdwijnt er steeds meer ijs. IJs weerkaatst 80 tot 95 procent van het zonlicht, water maar 10 tot 60 procent. De warmte van het zonlicht blijft dan hangen en zorgt voor een nog verdere opwarming van de aarde, en smelten van ijs. Een vicieuze cirkel dus. De temperatuurschommelingen zijn veel groter dan in de gematigder zone in het zuiden. Wat er gebeurt in de boreale zone is wat ons straks te wachten staat.

Ook de toename van het aantal bomen kan bijdragen aan de opwarming van de aarde. Dat klinkt niet logisch, maar het heeft ook te maken met het albedo-effect: grotere beplanting zorgt voor een donkerder oppervlak, dat op zijn beurt minder zonlicht weerkaatst. Daarom waarschuwen wetenschappers ook voor het planten van nieuwe bomen in de boreale zone om de CO_2-uitstoot te compenseren. Aanplant is hier dus geen alternatief voor het verminderen van de uitstoot van fossiele brandstoffen.

Overal in het boreale bos zie je de effecten van een veranderend klimaat. Neem onze standplaats Alaska. Juli 2019 was hier de warmste julimaand sinds het begin van de metingen. Vier van de tien warmste maanden in de geschiedenis dateren van na 2004. Bosbranden, op kleine schaal normaal en zelfs noodzakelijk voor een gezond bos, liepen uit de hand. Uit wetenschappelijk onderzoek blijkt dat de branden frequenter, langer en op grotere schaal woeden. West Lake Cabin, onze eigenlijke bestemming, is al drie maanden gesloten vanwege bosbranden in de omgeving. En dat is niet alles: door de milde winters overleven bepaalde boomparasieten de winter. Zoals de letterzetter, een kever die in 1999 een groot deel van Kenai Fjords National Park uitroeide, en door de warmere winters een steeds grotere dreiging vormt voor de bossen. Door de relatief warme winter weten steeds meer letterzetters te overleven tot de lente, en vallen ze zelfs nieuwe boomsoorten aan. Dat is een probleem voor het gehele boreale bos.

from a fragment of Chekhov's *The Island: A Journey to Sakhalin*, in which he treks through Siberia:

> *Even the coachmen and the peasants born in the taiga do not know what lies behind the forests that stretch out to the north and the south of the road, and over how many hundreds of versts they extend. Their imagination is bolder than ours, but even they dare not guess at the dimensions of the taiga, and in answer to our question they say: 'There is no end!'*

Despite the large-scale tree felling seen in modern times, the boreal zone still covers an enormous area. It is the largest vegetation zone in the world: 17.5 per cent of the world is covered with taiga. This forest is of inestimable value, for a number of reasons. One of these is of course its beauty, and the plants and animals that the forest shelters. But this forest is important even for those who have no concern for nature, because the taiga is a huge carbon sink. Some 44 per cent of the carbon stored by all terrestrial vegetation is stored in the forests, peat bogs and marshes of the boreal zone. These carbon sinks are important because otherwise this carbon would end up in the atmosphere as carbon dioxide (CO_2), a greenhouse gas. And the last thing the world needs is yet more CO_2.

The effects of global warming are only too apparent in the boreal zone. This warming is accelerating around the North and South Poles: twice as fast in the Arctic region, which borders the boreal zone. This is largely due to the local reduction in albedo, the ability of a surface to reflect sunlight. More and more ice is disappearing as a result of global warming. Ice reflects between 80 and 95 per cent of sunlight, whilst water reflects only 10 to 60 per cent. The heat from the sunlight then hangs around and causes further global warming, and melting of ice. The temperature fluctuations are much greater than in the more temperate zone in the south. What is happening in the boreal zone is what will soon be happening to us.

The increase in the number of trees can also contribute to global warming. This sounds illogical, but it is also connected to the albedo effect: a larger area of vegetation creates a dark surface, which in turn reflects less sunlight. That is why scientists are also warning against planting new trees in the boreal zone to compensate for CO_2 emissions. So here, additional planting is not an alternative to a reduction in fossil fuel emissions.

You can see the effects of a changing climate throughout the boreal forest. Take our current location in Alaska, for example. July 2019 was the hottest July here since records began. Four of the ten hottest months in history date from after 2004. Forest fires, which on a small scale are normal and even necessary for a healthy forest, are getting out of hand. Scientific research shows that the fires are burning more frequently, for longer, and on a larger scale. West Lake Cabin, our intended destination, has already been closed for three months due to forest fires in the area. And that is not all: due to the mild winters, certain tree parasites are surviving the winter. One example is the spruce bark beetle, a beetle that wiped out a large area of Kenai Fjords National Park in 1999, and that due to the warm winters is becoming a growing threat to the forests. Because of the relatively warm winter, more and more spruce bark beetles are surviving until spring, and they are even attacking new varieties of tree. This is a problem for the entire boreal forest.

Global warming is caused by such an inordinate number of variables that no one can say with any precision exactly what the coming century will bring. It is clear that

things are going to get difficult. But just how difficult, and in what way? This is why it is important to explore this specific area. This is why Jeroen and I felt that this project was important, right now. What is the state of the forest and what threats does it face? But also: who is living behind the horizon where Chekhov could not see?

During this final journey, we ourselves are the main subjects of the story to a certain degree. We are staying at Vogel Lake Cabin, constructed in the early 1940s. The cabin is one of a network of public huts in which visitors can spend the night cheaply. It is a simple cabin: wooden bunk beds with a plank as a mattress, a camping table and a stove to keep you warm in winter (and sometimes in summer too). Behind the cabin are a small woodshed and the toilet. The wood, of course, comes from the forest, which stretches out for more than 8000 square kilometres in every direction.

Jeroen and I go for an exploratory stroll in amongst the trees, which after seven trips we have come to regard as our friends. Each of us has a can of bear spray, which contains hot peppers. We carry the spray in a holster on our belts so that we can access it quickly. I feel like a cowboy striding into a saloon. According to the manufacturer, you should always test out the spray. Even though there is no wind that day, the cloud it emits still comes straight towards us. Coughing and with tears streaming down our cheeks, we walk on; at least the spray seems to be working correctly. We walk through beautiful, pristine forest. Mainly pines and spruces, with shrubs and plants beneath them that are turning bright red; autumn is on its way.

As he does every day, Jeroen takes a photo of a tree. He calls it 'the tree of the day'. This is trickier than you might think, because an individual tree is hard to pick out in a dense forest like this. Jeroen chooses a quaking aspen, which towers above the other trees with its white trunk, and whose name alludes to its leaves which tremble and shimmer in the slightest breeze.

As a result of our trips, I have increasingly begun to see trees as individuals. We humans feel a closer connection to animals than to plants, but in fact the latter are not so very different from us (especially when compared to people who spend their whole lives slumped in front of the TV). Trees breathe, drink water and reproduce. Recently, we have also found out that trees can talk to one another, in their own way. They exchange raw materials through fungi that connect trees' root systems to one another. There is a thriving underground marketplace for minerals and sugars. It is in trees' interest to help one another for two reasons: at some point, they will be able to call in a favour in return; and empty spaces in the forest created by dead trees are not a good thing for them. The wind then has more of a grip on the trees standing around the empty space, meaning that they can blow over. It is surreal to realise how trees can be dependent upon one another. The German writer and forester Peter Wohlleben reports that, in his forest, a tree was twice struck by lightning. Not only did the tree itself die, but ten to fifteen trees around it also gave up the ghost. So clearly, in one way or another, these were dependent on the tree that had been struck.

Trees also sleep. Recent research by the University of Vienna shows that trees' branches sink by around 10 centimetres while they are sleeping. And yet the study of trees is still in its infancy; there is still no clarity about the most basic things. For example, we still do not know how exactly a tree transports water upwards, sometimes dozens of metres high, to the needles or leaves in its crown.

De opwarming van de aarde heeft te maken met zo krankzinnig veel variabelen, dat niemand precies weet wat de komende eeuw ons gaat brengen. Dat het moeilijk gaat worden, dat is duidelijk. Maar hoe moeilijk, en op welke manier? Daarom is het belangrijk om juist dit gebied te onderzoeken. Daarom vonden Jeroen en ik dit project belangrijk, juist nu. Hoe staat het bos ervoor en wat zijn de bedreigingen? Maar ook: wie wonen er achter die horizon waar Tsjechov niet kon kijken?

Tijdens deze laatste reis zijn we in zekere zin zelf het onderwerp. Onze standplaats is de Vogel Lake Cabin, gebouwd in het begin van de jaren '40. De hut maakt deel uit van een netwerk van publieke hutten waar bezoekers voor een lage prijs kunnen overnachten. Het is een simpele hut: houten stapelbedden met een plank als matras, een kampeertafel en een kachel om je warm te houden in de winter (en soms in de zomer). Achter de hut staan een kleine houtschuur en de wc. Het hout is natuurlijk afkomstig uit het bos, dat zich over 8000 vierkante kilometer uitstrekt in alle richtingen.

Jeroen en ik maken een verkennende wandeling tussen de bomen, die we na zeven reizen als vrienden zijn gaan beschouwen. We hebben ieder een bus berenspray, die hete pepers bevat. We dragen de spray in een holster aan onze riem om er snel bij te kunnen. Ik voel me net een cowboy die een saloon binnenloopt. Volgens de fabrikant moet je de spray altijd even proberen. Hoewel het wind-stil is komt de wolk onze kant op. Kuchend en tranend lopen we verder; de spray werkt in ieder geval naar behoren. We lopen door een prachtig, ongerept bos. Voornamelijk dennen en sparren, met eronder struiken en planten die felrood kleuren; de herfst is in aantocht.

Zoals elke dag neemt Jeroen een foto van een boom. De boom van de dag, noemt hij die. Dat is lastiger dan je denkt, omdat een indi-viduele boom niet zo snel opvalt in een dicht bos als dit. Jeroen kiest voor een ratelpopulier, die met zijn kaarsrechte witte stam uittorent boven de rest. De boom heet zo omdat de bladeren bij zelfs het kleinste zuchtje wind een ratelend geluid maken.

Ik ben door onze reizen bomen steeds meer gaan zien als indivi-duen. Wij mensen voelen ons meer verwant met dieren dan met planten, maar eigenlijk verschillen die laatste niet zoveel van ons (vooral vergeleken met mensen die hun hele leven voor de tv hangen). Bomen ademen, drinken water, planten zich voort. Sinds kort weten we dat bomen ook, op hun manier, met elkaar kunnen praten. Ze wisselen grondstoffen uit via schimmels die de wortel-systemen van bomen met elkaar verbinden. Onder de grond is er een levendige marktplaats van mineralen en suikers. Bomen hebben om twee redenen een belang om andere bomen te helpen: ooit kunnen zij dan weer een beroep doen op een wederdienst, en bomen hebben geen belang bij lege plekken in het bos door dode bomen. De wind heeft dan meer vat op de bomen die rondom de lege plek staan, waardoor ze kunnen omwaaien. Het is onwerke-lijk om te beseffen hoe bomen van elkaar afhankelijk kunnen zijn. De Duitse schrijver en boswachter Peter Wohlleben meldt dat in zijn bos tot tweemaal toe een boom werd geraakt door een blik-semschicht. Niet alleen ging die boom zelf dood, ook tien tot vijf-tien bomen in zijn omgeving gaven de geest. Kennelijk waren zij op de een of andere manier afhankelijk van de getroffen boom.

Slapen doen bomen ook. Recent onderzoek van de Universiteit van Wenen toont aan dat de takken van bomen in hun slaap ongeveer tien centimeter zakken. Toch staat het bestuderen van bomen nog in zijn kinderschoenen; zelfs over de meest basale zaken bestaat nog geen duidelijkheid. Zo weten we nog altijd niet

Trees are fantastic. Just try to imagine a machine that takes CO_2 from the air, produces oxygen, stores carbon, filters the air, makes clouds and rain, and works like a kind of air conditioning unit, for example in an urban environment. All this machine requires is sunlight and water. There is no need to charge or maintain it. This invention would topple the iPhone from its pedestal. They were here long before we came to the planet: the first coniferous trees appeared 280 million years ago, and the other trees followed 100 million years later. As a point of comparison: modern humans have only been walking around on this planet for 300,000 years.

For a long time, people have seen the taiga as a kind of wasteland from which you could take what you wanted. It was this same mentality that led to the catastrophic decline of Europe's forests – the last primeval forest in the Netherlands disappeared in 1871. Just 12 per cent of the boreal forest is a protected area. On that front, Alaska is leading the way, with 40 per cent of the forests already a protected area. Sadly, Alaska is an exception. Each year, around 15 billion trees are cut down globally. Since humans appeared on earth, the number of trees has declined by 46 per cent. Generally, trees are being planted again, but individual trees do not make a forest.

We learned this wise lesson during a visit to the indigenous Cree. A bitterly cold journey, from which I have been left with a paralysed knuckle.

BROADBACK VALLEY, QUEBEC, CANADA
JANUARY 2018
PHOTOS: P. 98–127

These are historic images. It is 1976 and commercial seal hunting in Canada is in full flow. A man casually approaches a helpless seal pup, who is unaware of the impending danger. He strikes with his *hakapik*, the traditional weapon of the Inuit in the north of Canada. A single blow and the pup is dead. The man drags the pup away, leaving a trail of blood in the fresh snow. Thanks to Greenpeace, these images went around the world in 1976. This was Greenpeace's first successful campaign, and the pressure group would then grow into the most recognisable environmental organisation in the world. For the Inuit, it was a disaster: trade in sealskins was banned and thus their key source of income dried up. Unemployment, alcoholism and suicide were common. Indeed, in 2014 Greenpeace apologised to the indigenous peoples of Canada.

The impact of the images was felt far beyond the Inuit alone. A thousand kilometres to the south, where the indigenous Cree live, the prices of beaver and marten skins also nosedived. The traditional way of life in the wild was threatened, and numerous Cree went back to the reserves. The traplines, the traditional hunting grounds of the Cree, fell into decline. Each trapline comprises around 700 square kilometres, the area that is necessary to supply a family with enough game to survive. Logging companies seized the opportunity: they purchased the right to extract wood from the traplines. This was mostly done by clear-cutting: the uniform felling of all the trees in a forest. Ultimately, 90 per cent of the forest disappeared in this way. All that remained was a cleared area, surrounded by an intricate road network for transporting all those trees.

Just three of the fifty-two traplines are untouched. The question is how long these forests will continue to exist. The journey to these regions begins at Waswanipi, an eleven-hour drive north of Montreal. This small town with its 1300 residents is the capital of Eeyou Istchee, the land of the Cree, an area about the same size as the Netherlands. Steven Blacksmith from the local Ministry of Nature and the Environment is leading our expedition to the Broadback Valley, one of the last places where the ancient forest

'A year before he died, my father made me tallyman', Saganesh tells us. 'He said to me: "Make sure that you keep the logging companies out of our forest." I have never forgotten that.'

BROADBACK VALLEI, QUEBEC, CANADA
JANUARI 2018
FOTO'S: P. 98–127

precies hoe een boom het water naar boven vervoert, soms wel tientallen meters hoog, naar de naalden of bladeren in zijn kruin.

Bomen zijn fantastisch. Probeer je maar eens een machine voor te stellen die CO_2 uit de lucht haalt, zuurstof produceert, koolstof opslaat, de lucht filtert, wolken en regen maakt en werkt als een soort airco, bijvoorbeeld in een stedelijke omgeving. Het enige wat deze machine nodig heeft, zijn zonlicht en water. Je hoeft hem niet op te laden noch te onderhouden. Deze uitvinding zou de iPhone van zijn voetstuk stoten! Maar bomen hebben de pech dat ze zo normaal zijn, dat ze altijd al hebben bestaan. Ze waren er al lang voordat wij op de planeet kwamen: de eerste naaldbomen verschenen 280 miljoen jaar geleden, de andere bomen volgden 100 miljoen jaar later. Ter vergelijking: de moderne mens loopt pas 300.000 jaar rond op onze planeet.

Lange tijd hebben mensen de taiga gezien als een soort woestenij, waar je kon halen wat je wilde. Met diezelfde mentaliteit hebben wij de bossen van Europa om zeep geholpen – het laatste oerbos in Nederland verdween in 1871. Slechts 12 procent van het boreale bos is beschermd gebied. Alaska is wat dat betreft koploper, met 40 procent van de bossen als beschermd gebied. Helaas is Alaska een uitzondering. Elk jaar worden wereldwijd ongeveer 15 miljard bomen omgehakt. Sinds de mens op de aarde verscheen is het aantal bomen met 46 procent afgenomen. Meestal worden er wel weer bomen aangeplant, maar met individuele bomen heb je nog geen bos.

Die wijze les leerden wij tijdens ons bezoek aan de Cree-indianen. Een bitter koude reis, waaraan ik een verlamde vingerkoot heb overgehouden.

Het zijn historische beelden. Het is 1976 en de commerciële zeehondenjacht in Canada is in volle gang. Een man loopt op zijn gemakje af op een hulpeloze zeehondpup, die zich van geen kwaad bewust is. Hij haalt uit met zijn *hakapik*, het traditionele wapen van de Inuit in het noorden van Canada. De pup is in een klap dood. De man sleept de pup weg, het bloed blijft achter in de verse sneeuw. Deze beelden gingen in 1976 dankzij Greenpeace de wereld rond. Voor Greenpeace was het de eerste succesvolle campagne, en de actiegroep zou daarna uitgroeien tot de meest herkenbare milieuorganisatie ter wereld. Voor de Inuit was het een ramp: er kwam een verbod op de handel van zeehondenvellen – hun belangrijkste inkomstenbron droogde op. Werkloosheid, alcoholisme en zelfmoord waren aan de orde van de dag. In 2014 heeft Greenpeace overigens haar excuses aangeboden aan de inheemse volkeren in Canada.

De impact van de beelden ging nog veel verder dan alleen de Inuit. Duizend kilometer zuidelijker, waar de inheemse Cree leven, kelderden ook de prijzen voor bever- en martervellen. De traditionele manier van leven in het wild werd moeilijk en talloze Cree gingen terug naar de reservaten. De *traplines*, de traditionele jachtgebieden van de Cree, raakten in verval. Elke trapline beslaat zo'n 700 vierkante kilometer, het gebied dat nodig is om een familie van genoeg wild te voorzien om van te leven. Houtkapbedrijven grepen hun kans: zij kochten de rechten om hout te winnen in de traplines. Dat gebeurde meestal met kaalkap: het uniform kappen van alle bomen in een bos. Uiteindelijk is 90 procent van het bos op deze manier verdwenen. Wat overbleef was een kaalgeslagen gebied, omringd door een fijnmazig wegennetwerk om al die bomen te transporteren.

is still standing. Men are busy loading up sledges with provisions and fuel. A gigantic freezer, which amusingly enough is designed to ensure that the food does not freeze, is also packed full. Snow scooters are made ready, but we have to drive them ourselves. 'This is how you accelerate and this is the brake,' is the short explanation we are given. Before we realise it, the Cree have disappeared over the horizon. Fortunately, their tracks in the snow are easy to follow.

The 150 kilometre journey takes us through the boreal forests of northern Canada. Here there is little clear-cutting to be seen. The trees in this area were cut down thirty years ago; in the meantime a new generation of conifers has sprung up from the earth. Eight hours later, we arrive at the house of Don Saganash, in the heart of the Broadback Valley. As tallyman, he is in charge of the three traplines where the forest has not yet been felled. In the meantime, the temperature has dropped to minus 40 degrees Celsius, and each time someone opens the front door, it is as if they are opening the door of a giant freezer.

In the back room, Saganash throws some more wood on the stove. He points to the nails in the floor, which despite the heat are covered with ice. 'I haven't experienced this for some time,' he laughs. He tells us about his fellow-tallymen, who have sold their forests. 'Many of them were seduced by the sums of money that the companies were offering. Of course it means a profit in the short term, but in the long term their land and their traditions disappear,' says Saganash.

But what is the situation with the planted forests that we have seen on the way to the Broadback Valley, I ask him. 'We are hunters. We hunt moose and reindeer. But they don't like these forests. There's not enough moss for them to eat. A forest is far more than just trees. It takes longer before the fragile forest floor is restored. And it takes even longer before the fungi and lichens have repopulated the forest. Every animal is dependent upon this ecosystem.'

The freezer is opened again and, in a cloud of condensation, three enormous Cree step inside. They take off their layers of clothing like Russian dolls and hang them up to dry by the stove. Saganash greets them in Cree. 'A year before he died, my father made me tallyman,' he tells us. 'He said to me: "Make sure that you keep the logging companies out of our forest." I have never forgotten that.'

The moment of reckoning came after his father's death: 'It was a Wednesday morning. I was sitting in a small office with three men. They offered me a house for the Broadback Valley. I said no. Suffice to say that's not what they were expecting!,' says Saganash and he bursts out laughing. He points outside, where it is now pitch black. Where his father went hunting, and his grandfather before that.

Saganash found an unlikely supporter in Greenpeace, which until recently was unpopular with the Cree community because of the seal campaign. This has now changed. Together with Greenpeace, Saganash is trying to make the three traplines that are still intact into a nature reserve, so that felling will never be permitted. The stove is well stoked once again before the night begins, and after that everyone rapidly falls asleep, exhausted from the long journey. During the night I awake from time to time when Saganash climbs out of bed to put some more wood on the fire. I see his determined face glowing in the flames of the stove.

Slechts drie van de 52 traplines zijn nog ongehavend. Het is de vraag hoelang deze bossen nog zullen bestaan. De tocht naar deze gebieden begint in Waswanipi, op elf uur rijden ten noorden van Montreal. Dit stadje van 1300 inwoners is de hoofdstad van Eeyou Istchee, het land van de Cree, een gebied ongeveer zo groot als Nederland. Steven Blacksmith van het plaatselijke ministerie van Natuur en Milieu leidt onze expeditie naar de Broadback-vallei, een van de laatste plekken waar het oude bos nog staat. Mannen zijn druk bezig de sleeën vol te laden met proviand en brandstof. Een gigantische vrieskist, die grappig genoeg er juist voor zorgt dat het eten niet bevriest, wordt daarbij volgestouwd. Sneeuwscooters worden van stal gehaald, maar die moeten we zelf besturen. 'Zo geef je gas en zo kun je remmen', is de korte toelichting. Voor we het goed en wel beseffen zijn de Cree al achter de horizon verdwenen. Het spoor in de sneeuw is gelukkig makkelijk te volgen.

De tocht van 150 kilometer voert door de boreale bossen van Noord-Canada. Van kaalslag is weinig te zien. De bomen in deze streek zijn al dertig jaar geleden omgehakt; een nieuwe generatie naald-bomen is intussen uit de grond geschoten.

Acht uur later komen we aan in het huis van Don Saganash, in het hart van de Broadback-vallei. Hij staat als *tallyman* aan het hoofd van een van de drie traplines waar het bos nog niet gekapt is. De temperatuur is intussen gedaald tot min 40 graden Celsius en telkens als iemand de voordeur opendoet, lijkt het alsof de deur van een reusachtige vriezer wordt geopend.

In de achterkamer gooit Saganash nog wat hout in de kachel. Hij wijst naar de spijkers in de vloer die ondanks de hitte met ijs besla-gen zijn. 'Het is een tijd geleden dat ik dit heb meegemaakt', lacht hij. Hij vertelt over zijn collega-tallymen, die hun bossen hebben verkocht. 'Velen laten zich verleiden door het bedrag dat de bedrij-ven bieden. Op korte termijn levert dat inderdaad wat op, maar op lange termijn verdwijnt hun land, en hun tradities', zegt Saganash. Maar hoe zit het dan met de aangeplante bossen die we op weg naar de Broadback-vallei hebben gezien, vraag ik hem. 'Wij zijn jagers. Wij jagen op elanden en rendieren. Maar die houden niet van deze bossen. Er is niet genoeg mos voor ze om te eten. Een bos is veel meer dan bomen. Het duurt langer tot de fragiele bos-bodem is hersteld. En het duurt nog veel langer tot de schimmels en korstmossen het bos weer hebben bevolkt. Elk dier is afhanke-lijk van dit ecosysteem.'

Weer gaat de vriezer open en in een wolk van condens stappen drie enorme Cree naar binnen. Ze trekken als een matroesjka hun lagen met kleding uit en hangen ze te drogen bij de kachel. Saganash begroet ze in het Cree. 'Mijn vader maakte mij een jaar voor zijn dood tallyman', vertelt hij. 'Hij zei tegen me: "Zorg ervoor dat je de kapbedrijven uit ons bos houdt." Dat ben ik nooit vergeten.' Na de dood van zijn vader was het zover: 'Het was een woensdag-ochtend. Ik zat in een klein kantoortje met drie mannen. Ze boden mij een huisje aan voor de Broadback-vallei. Ik zei nee. Nou, daar hadden ze niet op gerekend!', zegt Saganash en hij barst in lachen uit. Hij wijst naar buiten, waar het intussen pikdonker is. Waar zijn vader op jacht ging, en daarvoor zijn grootvader.

Saganash vond een verrassende medestander in Greenpeace, dat tot voor kort niet goed lag bij de Cree-gemeenschap vanwege de zeehondcampagne. Daar is intussen verandering in gekomen. Samen met Greenpeace probeert Saganash van de drie traplines die nog over zijn een natuurgebied te maken, zodat er nooit gekapt zal kunnen worden. Nog even wordt de kachel goed opgestookt voor de nacht begint en daarna valt iedereen snel in slaap, gesloopt door de lange tocht. 's Nachts word ik af en toe wakker als Saganash uit zijn bed klimt om nog wat hout in het vuur te gooien. Ik zie zijn vastberaden gezicht gloeien in de vlammen van de kachel.

De volgende dag is het te koud om het meer over te steken naar de Broadback-rivier. Er staat een harde wind op het meer, en de gevoels-temperatuur is gezakt naar min 55 graden Celsius. Een aantal van de Cree heeft bevriezingsverschijnselen. Zelf voel ik mijn pinken niet meer. We zijn veroordeeld tot het huis en de directe omgeving. Alleen de jongeren durven de kou in te gaan. Buiten wenkt Donovan Blacksmith mij en wijst naar een dennetje. 'Zie je het niet?' Hij legt zijn geweer aan. Het schot kraakt door de vrieskou. Aan de voet van de boom ligt een alpensneeuwhoen. Alleen door het bloed is hij van de sneeuw te onderscheiden. Ik moet denken aan de babyzeehond. Donovan plukt de hoen ter plekke, de veertjes worden meegevoerd in de ijzige wind. Het liefst jaagt hij op elanden, vertelt hij. 'Leven van het land, is er iets beter dan dat?' Binnen kijkt Steve Blacksmith glimlachend naar Donovan. 'Ik neem volgend jaar een sabbatical. Dan verkas ik naar mijn hutje in de bush en zal ik leven van wat het land mij geeft.' Ik vraag Blacksmith naar zijn jeugd. Ik had gehoord dat de Cree-kinderen gedwongen op internaten werden geplaatst, en begreep dat het daar soms ruig aan toeging. Door ze weg te halen bij hun ouders konden ze makkelijker geassimileerd worden in de westerse cultuur, was het idee. Het laatste internaat sloot pas in 1996. Blacksmith beaamt dat en maakt tegelijk duidelijk geen zin te hebben erover te praten. Meer dan zesduizend kinderen kwamen in die internaten om het leven door ziekte of ondervoeding, volgens de Waarheidscommissie die de misstanden onderzocht.

Johnny Picard komt bij ons aan tafel zitten. Hij is 'geadopteerd' door de Cree maar afkomstig van de naburige Innu. Nadat zijn broer stierf door een overdosis ging hij zijn geluk beproeven bij de Cree. Nog steeds ligt het zelfmoordpercentage er hoger dan elders in het land. 'Wist je dat de Cree niet eens een woord hebben voor zelfmoord? Het kwam vroeger gewoon niet voor', merkt Saganash bitter op.

De volgende dag is de wind wat gaan liggen en is de temperatuur gestegen naar een mediterrane min 25 graden Celsius. We steken het meer over en tuffen verder naar de plek waar Don Saganash het al twee dagen over heeft: de machtige Broadback-rivier. Vanuit het meer loopt een *portage* naar een ander meer: een pad door het bos waar van oudsher kano's konden worden verplaatst tussen twee meren. Saganash wijst naar een inkeping in de bomen. Elke gene-ratie maakt een nieuwe inkeping, zodat de route door het dichte bos niet verloren gaat. 'De houtkap is niet het enige probleem, ook de wegen. Die lopen dwars door dit soort routes. En door de migratieroutes van dieren.' Na een zware tocht op de portage, aan de rand van het volgende meer, is het zweet in mijn skibril bevroren, ik zie bijna niets meer. Ik ben weer hopeloos achteropgeraakt. Saganash en de andere Cree zijn al lang het meer overgestoken. Ik blijf achter, omringd door de dennen en de stilte.

In Canada werd nagedacht over de exploitatie en het behoud van bestaande bossen. In Schotland is het een ander verhaal. Daar zijn de meeste bossen in voorgaande eeuwen al omgehakt, en in de plaats kwamen de woeste en kale bergen die nu zo typerend zijn voor Schotland. Maar dat is niet altijd zo geweest.

Rondom ons een prachtig, kaal landschap, met erboven wolken die door de blauwe lucht jagen. In de verte komt alweer de volgende regenbui aangezet. We staan in een Schotse *glen*, een glooiende vallei, in de buurt van de stad Drumnadrochit, gelegen aan de oever van Loch Ness. In het midden van de vallei staat een grote grove den, die eenzaam en statig afsteekt tegen de kale vlakte. Het is het prachtige Schotland zoals je het je voorstelt, en de reden waarom elk jaar drommen natuurliefhebbers hiernaartoe komen.

The next day, it is too cold to cross over the lake to the Broadback River. There is a strong wind blowing on the lake, and the wind-chill temperature has fallen to below 55 degrees Celsius. A number of the Cree are showing symptoms of frostbite. I can no longer feel my little fingers. We are confined to the house and the direct surroundings. Only the young people dare to go out in the cold. Outside, Donovan Blacksmith beckons to me and points to a small pine tree. 'Don't you see it?' He cocks his rifle. The shot cracks through the freezing air. Lying at the foot of the tree is a ptarmigan. Only the blood allows you to make it out against the snow. I am reminded of the baby seal. Donovan plucks the bird on the spot, and its feathers are carried away by the icy wind. He prefers hunting moose, he explains. 'Living off the land, what could be better than that?'

Inside, Steve Blacksmith smiles over at Donovan. 'Next year I'm taking a sabbatical. Then I'll retreat to my cabin in the bush and I'll live on what the land gives me.' I ask Blacksmith about his youth. I had heard that the Cree children were forced to go to boarding school, and understood that it was sometimes pretty harsh there. By removing them from their parents, they could be more easily assimilated into Western culture – that was the idea. The last boarding school closed as recently as 1996. Blacksmith confirms that, whilst at the same time making it clear that he has no desire to talk about it. More than six thousand children died in these boarding schools due to illness or malnourishment, according to the Truth Commission that is investigating the abuses. Johnny Picard joins us at the table. He was 'adopted' by the Cree but hails from the neighbouring Innu. After his brother died of an overdose, he went to try his luck with the Cree. The suicide rate is still higher there than elsewhere in the country. 'Did you know that the Cree don't even have a word for suicide? In the past, it simply didn't happen,' Saganash remarks bitterly.

The following day, the wind has died down somewhat and the temperature has risen to a Mediterranean minus 25 degrees Celsius. We cross the lake and chug on to the place that Don Saganash has already been talking about for two days: the mighty Broadback River. From the lake, a portage runs to another lake: a long-established pathway through the forest through which canoes could be moved between two lakes. Saganash points out a notch in the trees. Every generation makes a new notch, so that the route through the dense forest is not lost. 'Logging is not the only problem; the roads are, too. They cut across these kinds of routes. And across animals' migration routes.' After a difficult journey on the portage, at the edge of the next lake the sweat in my ski goggles has frozen solid and I can now see next to nothing. Once again, I have fallen hopelessly behind. Saganash and the other Cree have long since crossed the lake. I am left alone, surrounded by the pines and the silence.

In Canada, consideration was given to the exploitation and preservation of existing forests. In Scotland, it is a different story. There, the majority of forests were already cut down in previous centuries, and in their place came the bare and desolate mountains for which Scotland is now so famous. But it was not always so.

SCOTLAND, GLEN AFFRIC
FEBRUARY 2017
PHOTOS: P. 210–239

Around us is a beautiful, bare landscape, with above it clouds chasing through the blue sky. In the distance, yet another rain shower is heading our way. We are standing in a Scottish glen, an undulating valley, near the town of Drumnadrochit on the banks of Loch Ness. In the middle of the valley is a large Scots pine, standing solitary and majestic against the bare ground. This is precisely the beautiful Scotland of your

'If you come here in twenty years' time, there will be no trees left at all', Alan says. 'At least, unless we take action ourselves. Our forest is dying out and there will be nothing in its place.'

Alan Watson Featherstone van de organisatie Trees for Life kijkt heel anders naar deze plek. Featherstone werkte ooit bij een mijnbedrijf, maar nu staat zijn leven juist in het teken van het behoud van de natuur. 'Ik word verdrietig van deze boom. Dit is een *granny pine*, een bejaarde boom. Als je hier over twintig jaar komt, staan er helemaal geen bomen meer. Tenminste, als we zelf niets ondernemen. Ons bos sterft uit en er komt niets voor in de plaats.'

Aan het begin van de middeleeuwen waren grote delen van het land nog bedekt door de voor Schotland karakteristieke grove den, en ook loofbomen als de esp, wilg, eik en berk. Maar de bevolking groeide, en daarmee ook de behoefte aan hout om huizen te bouwen en ze warm te houden. Bossen moesten plaatsmaken voor landbouwgrond. Toen Schotland ook nog maritieme ambities kreeg, was de kaalslag helemaal niet meer te stoppen. Er werd jacht gemaakt op de laatste grove dennen, die essentieel waren voor de scheepsbouw. Van die maritieme ambities is niet veel gekomen, want uiteindelijk moest Schotland het onderspit delven tegen zuiderbuur Engeland.

Tijdens de zogenaamde *highland clearances* in de achttiende en negentiende eeuw verdwenen naast de bomen ook de mensen. Onder druk van de Engelsen werden hele Schotse gemeenschappen gedeporteerd naar de kust. Op de Schotse Highlands lieten de Engelsen schapen los, die het gebied vakkundig leegvraten en uitputten. Wat overbleef, waren de *crofts*, kleine landpercelen, en hier en daar een boom die alles door een mirakel had overleefd. Alleen op afgelegen plekken, steile berghellingen die niet interessant waren voor de landbouw, overleefden kleine plukjes bos.

Tegenwoordig is de bosbouw gereguleerd. Je zou verwachten dat met een meer verantwoorde boskap de bossen vanzelf weer terugkomen. Rond de granny pine schieten overal jonge sparretjes uit de grond. 'Maar kijk eens goed naar dit sparretje', zegt Featherstone en hij buigt naar een exemplaar. Het boompje is hooguit tien centimeter hoog. 'Het stammetje gaat niet recht omhoog, zie je dat? Dat komt omdat hij steeds wordt aangevreten, en dan opnieuw moet beginnen.' Aan de knoppen van het stammetje ziet Featherstone dat het al negen jaar oud is. In normale omstandigheden had hier nu een boompje gestaan. Maar de omstandigheden zijn niet normaal.

De belangrijkste boosdoener zijn de edelherten, waarvan Schotland er ongeveer 400.000 telt. Zij vreten alles, inclusief jonge naaldbomen, vooral in de winter als de dieren door het sneeuwdek minder kieskeurig zijn. 'De gemiddelde leeftijd van een grove den is 250 jaar. Binnenkort gaat deze granny pine dood en heb je alleen nog maar een kale vlakte.'

Daar probeert Trees for Life verandering in te brengen. Sinds de oprichting in 1989 hebben zij ongeveer 1,5 miljoen bomen geplant. De eerste paar jaar worden die omheind om ze te beschermen tegen hongerige herten. Als de bomen groot genoeg zijn, kunnen de omheiningen weg.

We rijden naar Glen Affric, dat sinds 2004 beschermd gebied is en waar bomen worden geplant. Ooit was dit ook een woestenij met bejaarde bomen, nu is het een prachtig bos. Een waterval zorgt voor een constante toevoer van vocht in de vorm van waterdamp. De grond is vochtig en zompig – sommige stukken van Schotland zijn geclassificeerd als regenwoud. Tussen de bomen hangen dikke strengen korstmos. 'Ik zie dit als een tijdmachine', vertelt Featherstone. 'Zo moet Schotland er vroeger hebben uitgezien. Maar moet je hier achter ons kijken, dat is productiebos. Bomen die dicht op elkaar in rechte rijen staan. Het zijn snelgroeiende soorten, geïmporteerd uit Amerika. En kijk nu naar de overkant. Die boom heeft ruimte om in de breedte te groeien. Elke

imagination, and the reason why, every year, hordes of nature lovers make a beeline for this place.

Alan Watson Featherstone from the organisation Trees for Life sees this spot very differently. Featherstone once worked for a mining company, but now his life is focused on preserving nature. 'This tree fills me with sadness. It is a granny pine, an elderly tree. If you come here in twenty years' time, there will be no trees left at all. At least, unless we take action ourselves. Our forest is dying out and there will be nothing in its place.'

At the beginning of the Middle Ages, large swathes of the country were still covered with Scots pine, a characteristic Scottish tree, as well as deciduous trees such as aspen, willow, oak and birch. But the population grew, and with it the demand for wood to build houses and keep them heated. Forests were obliged to make way for agricultural land. When Scotland also developed maritime ambitions, the clear-cutting was impossible to stop. The last Scots pines were felled, as they were essential for shipbuilding. Nothing much came of these maritime ambitions, because ultimately Scotland was defeated by its southern neighbour, England.

During the so-called Highland Clearances in the eighteenth and nineteenth centuries, as the trees disappeared so did the people. Under pressure from the English, entire Scottish communities were deported to the coast. In the Scottish Highlands, the English unleashed sheep that expertly munched their way through and depleted the area. All that remained were the crofts, small parcels of land, and here and there a tree that by some miracle had survived the onslaught. Only in remote spots, steep mountainsides that were not suitable for farming, did small tufts of woodland survive.

These days, forestry is regulated. You might expect that, with more responsible felling, the forests would regenerate by themselves. Around the granny pine, young spruces are shooting up from the ground everywhere. 'But take a good look at this young pine tree,' says Featherstone as he bends down to examine one. The tiny tree is no more than 10 centimetres high. The trunk is not growing straight upwards, do you see? That is because it is constantly being gnawed at, and then has to start afresh.' Featherstone can tell from the buds on the trunk that it is already nine years old. In normal circumstances, a young tree would have stood here by now. But the circumstances are not normal.

The worst culprits are the red deer, of which there are some 400,000 in Scotland. They eat everything, including young conifers, especially in the winter when the animals are less choosy because of the snow cover. 'The average age of a Scots pine is 250 years. Soon this granny pine will die and then we will be left with a barren expanse.'

Trees for Life is trying to change this. Since its foundation in 1989, it has planted around 1.5 million trees. For the first few years, these are fenced to protect them from hungry deer. When the trees are large enough, the fences can be removed.

We drive to Glen Affric, which has been a protected area since 2004 and where trees are being planted. This, too, was once a wasteland with granny trees, but now it is a beautiful forest. A waterfall supplies a constant stream of moisture in the form of water vapour. The ground is damp and swampy – some parts of Scotland are classified as rainforest. Hanging in between the trees are thick strands of lichen. 'I see this as a

boom daar heeft zijn eigen vorm en karakter. Daar word ik vrolijk van.'

Voor het slagen van zijn plan om de bossen terug te brengen naar de Schotse Highlands, is samenwerking met grootgrondbezitters cruciaal. Vijfhonderd mensen bezitten meer dan de helft van Schotland, een abnormaal percentage. Het is een erfenis van het oude clansysteem. Pas sinds de jaren '90 van de vorige eeuw heeft Schotland twee nationale parken.

Niet alle grootgrondbezitters zitten te wachten op meer bossen. Veel mensen zijn namelijk afhankelijk van de hertenjacht, en in een omheind bos zonder herten is het lastig jagen. Toch zijn er ook uitzonderingen, zoals Frank Spencer-Nairn, de landheer van Culligran Estate, gelegen in de Strath-farrar-vallei. Elke dag maakt hij met zijn hond een flinke wandeling over zijn netwerk van dertig kilometer privéwegen. We bevinden ons aan de rand van zijn landgoed. Een onzichtbare grens loopt door de vallei, daarachter begint het volgende landgoed. Zijn buurman is een oliesjeik die een paar keer per jaar langskomt om vanuit een helikopter een paar edelherten neer te knallen. In de vallei van de oliesjeik staat een kudde herten rustig te grazen. Kennelijk is de sjeik niet thuis.

Spencer-Nairn vertelt dat elk landgoed de plicht heeft om jaarlijks een aantal herten te doden, om overbevolking tegen te gaan. Dat aantal wordt elk jaar besloten in een vergadering van landbezitters. Dat is ook het moment om te praten over de uitbreiding van de Schotse bossen. Spencer-Nairn: 'De meeste grootgrondbezitters zijn faliekant tegen. Voor mij is het anders. Ik verhuur huisjes op mijn grondgebied aan natuurliefhebbers die hier komen om te wandelen of vogels te kijken. Dan is het juist fijn om wat meer bossen te hebben.'

Langs de weg wijst hij naar een met hekwerk afgescheiden bosperceel. De hekken zijn afkomstig van Trees for Life. Het is een samenwerking waar beide partijen – de grootgrondbezitter en de natuurvereniging – baat bij hebben. De bomen zijn nog jong, het hekwerk zal nog een paar jaar moeten blijven staan.

Ook de Schotse regering is vastbesloten om de oude Caledonische bossen te herstellen. Het doel is dat in 2050 een kwart van Schotland weer bebost is. Dat is nu nog 17 procent, waarvan een groot deel productiebos. Maar de weerstand van de grootgrondbezitters is groot. Zij hebben een onwaarschijnlijke bondgenoot gevonden in de alpinistenvereniging, die de bergen van Schotland liever kaal ziet. Het is dus de vraag of dit doel wel gehaald zal worden. Dat hangt ook af van het aantal herten en de toegang die zij hebben tot de jonge bossen.

Als het aan Trees for Life ligt, gaat het in ieder geval wel lukken. Op een afgeschermde berghelling planten vrijwilligers op een herfstige ochtend jonge espen. De helling ligt in Dundreggan Estate, een voormalig jachtterrein dat Trees for Life in zijn geheel heeft aangekocht. Met veel zorg gaat elke jonge boom de grond in. Het werk wordt regelmatig onderbroken door een harde regenbui, waarna de zon weer gaat schijnen. 'Schotland is als het weer: onvoorspelbaar en altijd veranderlijk', merkt een vrijwilliger op. 'Over vijftig jaar staat op deze helling een prachtig bos. Kom dan nog maar eens terug!'

VOGEL LAKE CABIN, ALASKA
SEPTEMBER 2019

Het is een illusie te denken dat we kunnen leven zonder de houtkap. Integendeel, hout is een fantastisch en duurzaam materiaal als het verantwoord wordt gerooid en gebruikt. Duurzaam, omdat de koolstof in het hout opgesloten zit. Er is veel meer mogelijk met hout dan we denken. In Amsterdam wordt bijvoorbeeld gewerkt aan een wolkenkrabber van hout. Voor de industriële revolutie was hout meer dan dat. Zonder hout geen huizen, schepen en vooral

time machine,' Featherstone explains. 'This is what Scotland must have looked like in the past. But if you look behind us here, that is commercial forest. Trees that are standing close together in straight lines. These are fast-growing varieties, imported from America. And now look at the other side. This tree has space to grow widthways. Every tree there has its own shape and character. That makes me happy.'

For his plan to bring back forests to the Scottish Highlands to succeed, collaboration with large landowners is essential. Five hundred people own more than half of Scotland, an abnormal percentage. This is a legacy of the old clan system. It is only since the 1990s that Scotland has two national parks.

Not all large landowners are enthusiastic about more forests. This is because many people are dependent upon deer hunting, and it is difficult to hunt in a fenced forest without deer. And yet there are also exceptions, such as Frank Spencer-Nairn, the landlord of the Culligran Estate, situated in the Strathfarrar Valley. Every day, he takes his dog for a long walk across his network of 30 kilometres of private roads. We are currently on the edge of his estate. An invisible border runs through the valley, and behind it the next estate begins. His neighbour is an oil sheikh who turns up a few times a year to shoot down a few red deer from a helicopter. In the oil sheikh's valley, a herd of deer is grazing peacefully. It would seem that the sheikh is not at home.

Spencer-Nairn explains that every estate is obliged to kill a number of deer annually, to prevent overpopulation. This figure is decided upon every year at a landowners' meeting. That is also the moment to talk about the expansion of Scottish forests. Spencer-Nairn: 'The majority of large landowners are firmly opposed. For me it is different. I rent out houses on my land to nature lovers who come here to walk or for birdwatching. Then it's actually an advantage to have a bit more woodland.'

Along the road, he points to a piece of woodland bordered by a fence. The fences come from Trees for Life. This is a collaboration that benefits both parties – the landowner and the nature conservation association. The trees are still young, so the fencing will remain in place for a few more years.

The Scottish government is also determined to restore the old Caledonian forests. The goal is to reforest a quarter of Scotland by 2050. The current figure is 17 per cent, of which a large proportion is commercial forest. But there is huge resistance from the large landowners. They have found an unlikely ally in the mountaineering association, which would prefer the mountains of Scotland to stay bare. It is therefore questionable whether this goal will be achieved. This also depends on the number of deer, and the access that they have to the young forests.

If it were up to Trees for Life, then the target would certainly be reached. On a sheltered mountainside, volunteers are planting young aspens on an autumnal morning. The mountain slope in question lies in the Dundreggan Estate, a former hunting ground that Trees for Life has purchased in its entirety. The young trees are put into the ground with great care. The work is regularly interrupted by a heavy shower of rain, after which the sun comes out again. 'Scotland is like the weather: unpredictable and always changeable,' a volunteer observes. 'In fifty years' time, there will be a beautiful forest on this slope. So come back again then!'

geen warmte. De houtkap was big business. De grote rivieren van Europa waren de snelwegen, en vlotten van hout, soms wel 400 meter lang, gleden kriskras door heel Europa. Zo werden de zogenoemde Holländer uit het Zwarte Woud vervoerd naar de scheepswerven van Amsterdam. Dankzij deze bomen kon Nederland rijk worden met de handel met de koloniën.

In onze *cabin* is het vroegere belang van hout nog steeds voelbaar. De tafel, bedden, het stel gammele roeispanen, alles is van hout. Het notitieboek waar ik deze woorden in opschrijf (er is geen elektriciteit voor mijn laptop) is van hout afkomstig, net als het boek dat u nu in handen hebt. En terwijl ik dit schrijf, houdt het hout in de kachel mij warm.

Wereldwijd werken er 13 miljoen mensen in de houtindustrie. Het zijn vaak mensen die innig samenleven met het bos, en vaak een grote liefde hebben voor de bossen die ze kappen. In het noorden van Noorwegen draait alles om hout.

De kettingzaag loeit, de zaag is al bij de stam als Svenn Randa het apparaat ineens uitzet. 'Vogelnest', zegt hij en wijst naar boven. Vijf meter verderop staat nog een boom, en binnen een halve minuut valt die krakend neer. Randa woont aan de andere kant van de weg van de camping, onze verblijfplaats de komende week. Van hieruit verkennen wij de Pasvik-vallei in het uiterste noordoosten van Noorwegen.

Het is onmogelijk om hier te verdwalen: één lange rechte weg loopt door de vallei. Veel verkeer is er niet, maar langzaam rijden is nog steeds een goed idee: af en toe schiet een rendier over de weg. Elk huis langs de weg heeft zijn verhaal, zoals het huis van Randa. Hij mag dan wel gepensioneerd zijn, dat betekent nog niet dat hij gestopt is met hout hakken. Hij laat ons de doorsnee van de stam zien, die ruikt naar hars, hout en een vage rooklucht door de wrijving van de kettingzaag. De jaarringen zitten dicht op elkaar. 'Het duurt 180 jaar voordat bomen hier volwassen zijn. Dat is een stuk langer dan in het zuiden, waar het warmer is', vertelt hij terwijl zijn kleinzoon voor ons vertaalt. Het voelt bijzonder om een boom vast te houden die het licht zag in 1836. Toen was dit gebied nog onaangeroerd door de menselijke hand. Pas in 1860 werd de Pasvik-vallei gekoloniseerd vanuit het zuiden.

Randa begon op zijn twaalfde als houthakker. Het was kort na de Tweede Wereldoorlog en Finnmark, het noorden van Noorwegen, was verwoest. Pas tientallen jaren later zou Noorwegen een van de rijkste landen ter wereld worden door zijn olie- en gasvoorraden. Toen was het nog een armoedig land, en Finnmark was een van de armste gebieden. 'Ik herinner mij hoe de Duitsers de houtvoorraden verbrandden toen het Rode Leger eraan kwam. Die brand ging maanden door. Wat een zonde.' Door spullen met elkaar te ruilen wisten mensen na de oorlog te overleven. Maar in dit gebied is warmte net zo cruciaal als water en eten. Hout was tot voor kort een absolute voorwaarde om hier te wonen. Om warm te blijven moesten ze diep de bossen in gaan, want de Duitsers hadden al het toegankelijke hout langs de weg al omgehakt. Eerst met paarden, daarna met tractors en sleeën. De 180 jaar oude boom gaat ook de kachel in, waarschijnlijk tijdens de winter als dit gebied in een nacht van drie maanden gedompeld is.

Nog steeds zaagt Randa elke winter bomen voor brandhout, en brengt het dan met de sneeuwmobiel naar huis. Ik vraag hem of al dat gesleep met hout niet een aanslag op zijn lichaam is geweest.

It is an illusion to think that we can live without logging. On the contrary, wood is a fantastic and sustainable material if it is grown and used responsibly. Sustainable, because the carbon is trapped in the wood. Far more is possible with wood than we think. In Amsterdam, for example, work is under way on a skyscraper made of wood. Before the Industrial Revolution, wood was more than that. Without wood, there would have been no houses, no ships, and, above all, no heat. Logging was big business. Europe's great rivers were its motorways, and rafts of timber, sometimes as much as 400 metres long, would criss-cross through the whole of Europe. This is how the so-called *Holländer* from the Black Forest were transported to the shipyards of Amsterdam. Thanks to these trees, the Netherlands was able to become rich thanks to its trade with the colonies.

In our cabin, the past importance of wood is still tangible. The table, beds, the pair of rickety oars, everything is made of wood. The notebook in which I am writing down these words (there is no electricity for my laptop) is made of wood, as is the book that you now have in your hands. And as I write this, the wood in the stove is keeping me warm.

Worldwide, 13 million people work in the wood industry. These are often people who intimately co-exist with the forest, and often have a great love for the forests that they are felling. In the north of Norway, everything revolves around wood.

The chainsaw is whining and the saw is already poised beside the trunk when Svenn Randa suddenly turns it off. 'Bird's nest,' he says, and points upwards. Five metres further along is another tree, and within 30 seconds it falls over with a crack. Randa lives on the opposite side of the road to the campsite, our home for the next week. From here we shall be exploring the Pasvik Valley in the far north-east of Norway.

It is impossible to get lost here: a single long, straight road runs through the valley. There is not much traffic, but it is still a good idea to drive slowly: from time to time a reindeer shoots across the road. Every house beside the road has its own story to tell, like Randa's house. He may be retired, but that does not mean that he has stopped cutting down timber. He shows us a cross-section of the trunk, which smells of resin, wood and a vaguely smoky aroma caused by the friction of the chainsaw. The growth rings are close together. 'It takes 180 years for trees to mature here. That is considerably longer than in the south, where it is warmer,' he explains as his grandson translates for us. It feels special to be holding a tree that first saw the light of day in 1836. At that point the area was still untouched by the human hand. It was only in 1860 that the Pasvik Valley was colonised from the south.

Randa started working as a logger at the age of twelve. It was shortly after the Second World War, and Finnmark, the north of Norway, was devastated. Not until decades later would Norway become one of the richest countries in the world thanks to its oil and gas reserves. At that time, it was still a poverty-stricken country, and Finnmark was one of the poorest areas. 'I remember how the Germans burned the wood supplies when the Red Army was approaching. That fire burned for months. What a terrible waste.' People managed to survive after the war by trading things with one another. But in this area, heat is just as crucial as water and food. Until recently, wood was absolutely essential for living here. To stay warm, they had to go deep into the forests,

'Integendeel, door al dat gesleep leef ik nog. Als ik mijn leven zittend op de bank voor de tv had doorgebracht, zou ik waarschijnlijk al dood zijn geweest.' Met zijn 76 jaar ziet hij er inderdaad gezond en kwiek uit. Zijn kaarsrechte rug doet een beetje denken aan de machtige boom die hij zojuist heeft omgezaagd. Na een lange stilte – bij een Noor weet je nooit helemaal of ze klaar zijn met antwoorden – vervolgt hij: 'Je lichaam gebruiken, de frisse lucht. De winter is de beste tijd van het jaar.'

We rijden verder de weg af richting Svanhovd, vanwaaruit de vallei werd gekoloniseerd. Hier is de enige winkel van de Pasvik-vallei, waar je dubieus fruit kunt kopen tegen astronomische bedragen. We komen langs een huis met een *lavru* in de tuin, een traditionele tent die nog steeds wordt gebruikt door de plaatselijke Sami-bevolking. In het huis ernaast is een man zijn brandhout aan het stapelen. Het hout heeft hij zelf in de winter gekapt, en het is zojuist bij de zagerij verwerkt tot kleinere blokken. Egil Kalliainen is rendierherder. Zijn kudde graast op dit moment op de kale en ruige toendra bij de zee in het noorden, waar momenteel veel mos te vinden is. Hij laat de kudde nu met rust, er zijn net kalveren geboren. Een goed moment dus om de houtvoorraad voor de winter aan te leggen.

Kalliainen stapelt het hout zodat het kan luchten en drogen. Ergens had ik gelezen dat de Noren het maken van houtstapels tot een kunst hebben verheven. En dat Noorse vrouwen voor ze het jawoord geven eerst kijken of hun potentiële levenspartner wel fatsoenlijk hout kan stapelen. Om het laatste moet Kalliainen hard lachen. Wat het eerste betreft knikt hij bevestigend, al geldt dat

because the Germans had already chopped down all the accessible wood along the road. First with horses, then with tractors and sledges. The 180-year-old tree will also go into the stove, probably during the winter when this region is plunged into a three-month-long night.

Randa still saws down trees for firewood every winter, and brings it home with the snowmobile. I ask him if all that transporting of wood hasn't taken its toll on his body. 'On the contrary, it's thanks to all the transporting that I'm still alive. If I had spent my life sitting on the sofa in front of the TV, I would probably already be dead.' Indeed, at 76 he still looks healthy and sprightly. His perfectly straight back is not dissimilar to the mighty tree that he has just felled. After a long silence – with a Norwegian you're never entirely sure if they've finished their answer – he continues: 'Using your body, the fresh air. The winter is the best time of the year.'

We continue driving along the road towards Svanhovd, from where the valley was colonised. It is home to the Pasvik Valley's only shop, where you can buy dubious fruit for astronomic sums. We go past a house with a *lavru* in the garden, a traditional tent that is still used by the local Sami population. In the next-door house, a man is stacking his firewood. He cut down the wood himself in the winter, and it has just been cut into smaller logs at the sawmill. Egil Kalliainen is a reindeer herder. His herd is currently grazing on the barren and rugged tundra by the sea in the north, where a large amount of moss can currently be found. He is leaving the herd in peace at the moment, as calves have recently been born. So this is a good time to stock up with wood for the winter.

Kalliainen stacks the wood so that it can air and dry. I had read somewhere that the Norwegians had elevated the construction of woodpiles to an art form. And that, before agreeing to a marriage proposal, Norwegian women would first check whether their potential life partner could stack wood properly. Kalliainen finds the latter highly amusing. As for the former, he nods in agreement, although this is mainly true of his generation. 'The relationship with the forest is changing. Young people see the forest as a place for recreation, not somewhere to exploit. They no longer know how to fell, stack and dry wood. The majority of them have switched to electric stoves. This may be more expensive, but it is less labour-intensive.' As fewer and fewer trees are being felled, the forest is becoming denser and it is increasingly difficult to walk in between the trees. Added to this are the effects of climate change: 'The conifers are being supplanted by deciduous trees from further south. In the past, the climate here was too extreme for these kinds of trees, but that is changing. The winters are warmer, shorter and wetter. Last year, so much snow fell that not even a moose could walk through, can you imagine!'

Back at the campsite, as if she has been listening in to our conversation, the campsite caretaker points out an unremarkable flower. 'This should only be flowering a month from now.' She has just used the sauna, and if we like we can go in it too, as it's still hot. In the sauna, Jeroen throws another log on the fire and with great difficulty manages to get it going again. After a sweating session, we jump into the lake. What is it about wood fires? Why is it that you can stare at a campfire for hours? And why is it so wonderful to feel fire? Why is the heat different from what comes out of a radiator?

It is eleven o'clock in the evening when the fire in the sauna finally goes out. Outside, the sun is still shining cheerfully. It is the end of May, and around this time of year,

It is the end of May and in this polar region, it should still be spring, but we are sitting outside in a T-shirt. Lyssand repeats what we keep on hearing: the winters are shorter, and everything is happening a month earlier. The thaw, the blossom, even the mating season is starting earlier.

vooral voor zijn generatie. 'De relatie met het bos verandert. Jongeren zien het bos als een plek om te recreëren, niet om te exploiteren. Ze weten niet meer hoe je hout moet kappen, stapelen en drogen. De meesten zijn overgestapt op elektrische kachels. Dat is misschien duurder, maar minder arbeidsintensief.' Doordat er steeds minder bomen worden gekapt, groeit het bos dicht en wordt het steeds lastiger om tussen de bomen door te lopen. Daar komen de effecten van de klimaatverandering nog bij: 'De naald-bomen worden verdrongen door loofbomen van verder uit het zuiden. Het klimaat hier was vroeger te extreem voor dit soort bomen, maar dat verandert. De winters zijn warmer, duren korter en zijn natter. Vorig jaar viel er zo veel sneeuw dat er zelfs geen eland doorheen kon lopen, stel je voor!'

Terug op de camping, alsof zij ons gesprek heeft afgeluisterd, wijst de beheerder van de camping naar een onbeduidend bloempje. 'Die hoort pas over een maand te bloeien.' Ze heeft net de sauna gebruikt, als we willen kunnen we er nog in, de sauna is nog warm. In de sauna gooit Jeroen nog een blok hout op het vuur en krijgt het met veel moeite weer aan. Na een zweetsessie springen we in het meer. Wat is dat toch met houtvuur? Waarom kan je uren naar een kampvuur staren? En waarom is het zo fijn om vuur te voelen? Waarom is de warmte anders dan die van een radiator?

Het is elf uur 's avonds als het vuur van de sauna eindelijk dooft. Buiten schijnt de zon nog vrolijk door. Het is eind mei en rond deze tijd van het jaar gaat de zon niet meer onder. Het is een dag die nooit ophoudt, de vogels blijven maar fluiten. De zon is al een week mijn plaaggeest. Ik heb een slaapmasker gekocht, maar dat maakt niet uit: ik doe geen oog dicht. En als ik 's nachts naar het wc-blok loop, schijnt de zon op mijn slaperige hoofd en hoor ik de vogels zachtjes fluiten.

De volgende ochtend rijden we naar het einde van de weg. Volgens de kaart ligt daar het plaatsje Nyrud. Hier houdt Noorwegen op en begint Rusland. In feite ligt het Øvre Pasvik-natuurpark in beide landen; het is het noordwestelijkste puntje van de enorme gordel van taiga die het noorden van Rusland omspant. Dit is een van de weinige plekken in Europa met maagdelijke taiga. De bossen zijn nooit aangeplant of vervangen, ze hebben hier altijd al gestaan. Er zijn weinig grensovergangen – een overblijfsel van de Koude Oorlog, en wellicht ook van de nieuwe spanningen: hier grenst de NAVO direct aan Rusland. Het dorp Nyrud blijkt uit één huis te bestaan: een politiebureau. Net als alle overheidsgebouwen is het politiegebouw uitmuntend onderhouden, omringd door een gazon dat zo minutieus is geknipt dat zelfs een Zwitser er jaloers van zou worden. Hier woont agent Arild Lyssand. Hij is niet verbaasd dat we op zijn deur kloppen en nodigt ons uit voor een kopje koffie in de tuin – daar zeg ik geen nee tegen na weer een slapeloze nacht.

Het is eind mei en in dit poolgebied hoort het nog steeds lente te zijn, maar we zitten buiten in een T-shirt. Lyssand herhaalt wat we steeds horen: de winters zijn korter, en alles gebeurt een maand eerder. De dooi, de bloesem, zelf de paartijd begint eerder. Dit is een gewilde politiepost in Noorwegen, veel agenten melden zich aan voor deze plek. Lyssand zat hiervoor nog noordelijker, in Spitsbergen, dus dit moet voor hem aanvoelen als de Riviera. Ik vraag hem waarom deze politiepost bestaat, er wonen hier toch geen mensen? Lyssand wijst naar de andere kant van de rivier, die langs het smetteloze gazon loopt. 'Dat is Rusland. Met deze politie-post laten we zien dat dit Noors grondgebied is.' Hij wijst naar een grote Noorse vlag. Die viel eerst niet op, het is windstil en de vlag hangt slap langs de mast. Lyssand vertelt over een expeditie met Russische grensofficials, de week ervoor. Samen trokken zij het

the sun no longer sets. It is a day that never ends, and the birds just keep on singing. The sun has already been tormenting me for a week now. I have bought an eye mask, but it doesn't help: I can't get a wink of sleep. And if I walk to the toilet block in the night, the sun shines on my sleepy head and I can hear the birds chirping softly.

The next morning, we drive to the end of the road. According to the map, this is where the village of Nyrud lies. Here Norway ends and Russia begins. In fact, the Øvre Pasvik National Park lies in both countries; it is the most north-westerly point of a huge belt of taiga that spans the north of Russia. This is one of the few places in Europe with virgin taiga. The forests have never been planted or replaced; they have always stood here. There are few border crossings – a relic of the Cold War, and probably a sign of the new tensions, too: it is here that NATO directly borders Russia. The village of Nyrud turns out to consist of a single house: a police station. Just like all government buildings, the police station is in an immaculate state of repair, surrounded by a lawn that has been mown with such care that even a Swiss would be envious of it. This is the home of Officer Arild Lyssand. He is not surprised that we are knocking on his door and he invites us to join him for a cup of coffee in the garden – something I certainly won't refuse after yet another sleepless night.

It is the end of May and in this polar region, it should still be spring, but we are sitting outside in a T-shirt. Lyssand repeats what we keep on hearing: the winters are shorter, and everything is happening a month earlier. The thaw, the blossom, even the mating season is starting earlier. This is a desirable police station in Norway, and many agents apply for this posting. Prior to this, Lyssand was stationed even further north, in Spitsbergen, so this must feel like the Riviera to him. I ask him why this police station exists – after all no one lives here. Lyssand points to the other side of the river, which runs past the immaculate lawn. 'That is Russia. This police station is our way of signalling that this is Norwegian territory.' He points to a large Norwegian flag. It wasn't obvious at first, as there is no wind and the flag is hanging limply beside the mast. Lyssand tells us about an expedition with Russian border officials the previous week. Together they went into the nature reserve, which is spread across both countries. In this way, they try to keep up a dialogue with their eastern neighbours.

I walk to the river. The bank on the other side is close enough to be able to see buildings or people, but there are none. There are just the same trees, rocks and birds, in a different country. In the five years that I spent in Russia, it would never have occurred to me to pop into a police station for a chat. 'I don't like Putin because he tells other people what to do,' someone had remarked earlier that week. The authoritarian Russia of Putin is worlds away from the egalitarian Scandinavia, where a policeman invites you in for coffee.

We drive back to the campsite and hear the sound of a machine. Our neighbour turns out to have a sawmill. When we step onto his land, a dog starts to bark, but the noise of the saw drowns out the barking. The neighbour continues to saw with great concentration. He positions the long trunks in a clamp and then pushes them against the circular saw, which cuts through the wood as if it were butter. Only when the entire trunk has been turned into planks does the neighbour notice us. He is called Ben-Arne Sotkajærvi, and he saws the wood for the whole valley. As well as sawing wood, he is also an amateur photographer, and a local celebrity amongst wildlife photographers. Every resident of the valley can get a permit to fell trees. You let the local authority knows which trees you want to fell, and then someone comes to check that this will

natuurreservaat in, dat beide landen bestrijkt. Zo proberen ze de dialoog met hun oosterburen gaande te houden.

Ik loop naar de rivier. De oever aan de overkant is dichtbij genoeg om gebouwen of mensen te kunnen zien, maar die zijn er niet. Dezelfde bomen, rotsen en vogels, een ander land. In de vijf jaar die ik doorbracht in Rusland zou het nooit in mij opkomen bij een politiebureau binnen te wippen voor een praatje. 'Ik houd niet van Poetin want hij vertelt andere mensen wat ze moeten doen', merkte iemand eerder in de week op. Het autoritaire Rusland van Poetin is een planeet verwijderd van het egalitaire Scandinavië, waar een politieagent je uitnodigt voor koffie.

We rijden terug naar de camping en horen het geluid van een machine. Onze buurman blijkt een zagerij te hebben. Zodra we zijn erf betreden, begint een hond te blaffen, maar het lawaai van de zaag overstemt het geblaf. De buurman gaat geconcentreerd door met zijn zaagwerk. Hij zet de lange stammen in een klem en duwt ze dan tegen de cirkelzaag, die het hout doorklieft alsof het boter is. Pas nadat de hele stam is veranderd in planken merkt de buurman ons op. Hij heet Ben-Arne Sotkajærvi, en zaagt het hout voor de hele vallei. Behalve zager is hij ook amateurfotograaf, en een plaatselijke bekendheid onder natuurfotografen.

Elke bewoner van de vallei kan een vergunning krijgen om bomen om te hakken. Je meldt bij de gemeente welke bomen je wil neerhalen, en dan komt er iemand kijken of het geen problemen geeft met de planten eromheen, bijvoorbeeld een zeldzame bloem. Sneeuwscooters slepen de stammen naar Sotkajærvi, die in het voorjaar de stammen zaagt: de mooie stukken worden planken, de mindere zaagsel. Het is moeilijk te bevatten, maar Sotkajærvi bestuurt de zaag in zijn eentje. Hij laat trots zijn werkplaats zien; hij is een van de weinigen die nog weet hoe je een houten plank buigt – dat gebeurt in een enorme klem met kokend water. In de hoek staat een vat vol met pek voor een andere procedure. Van de lampen boven de tafel tot de toiletbril: alles is handgemaakt, met zorg en liefde. En alles is van hout. Vanaf zijn vierde leerden zijn vader en grootvader hem hout te bewerken, en op zijn veertiende bouwde hij zijn eerste sauna.

Sotkajærvi nodigt ons uit voor een wandeling in het bos, op zoek naar bruine beren – dit is een van de weinige plekken in Europa waar ze permanent hebben geleefd. Nadat hij de laatste boomstam heeft verzaagd, rijden we het bos in. Tegen die tijd is het elf uur 's avonds. We maken veel lawaai, zodat de beren niet van ons schrikken. De afgelopen herfst heeft een berin met drie jongen een vrouw aangevallen die haar hond in het bos aan het uitlaten was. De beer is daarna doodgeschoten.

Aan de manier waarop de houtzager door het bos loopt, kun je zien dat hij er al sinds zijn kindertijd komt. Nonchalant wijst hij naar sporen die onzichtbaar zijn voor een ongeoefend oog. Een boomstomp waar een berenklauw in heeft zitten graven, op zoek naar mieren. Een zwarte schimmel die op een boomstam groeit, die je kunt koken en drinken voor medische doeleinden. Het is bijna middernacht, maar zonnestralen dringen zich door de mist die tussen de dennentakken hangt. Ik vraag Ben-Arne of hij niet somber wordt in de winter, als de zon drie maanden niet opkomt. 'Mensen denken dat de winter deprimerend kan zijn. Maar in feite is het licht dan fantastisch. *Fifty shades of grey*', grapt hij. 'De zon komt niet boven de horizon, maar het schemert. Een soort eeuwige zonsondergang. Veel interessanter dan deze zon', en hij wijst naar een waterig zonnetje dat boven de boomtoppen hangt, hoewel het middernacht is.

not cause problems with the surrounding plants, for example, a rare flower. Snow-mobiles drag the trunks to Sotkajærvi, who saws up the trunks in the spring: the most desirable parts become planks, and the lesser sections sawdust. Inconceivable though it is, Sotkajærvi operates the saw on his own. He proudly shows us his workshop; he is one of the few people who still know how to bend a wooden plank – this is done in a huge clamp with boiling water. In the corner, there is a vat full of pitch for a different process. From the lamps above the table to the toilet brush: everything is handmade, with care and love. And everything is made of wood. From the age of four, his father and grandfather taught him how to work with wood, and when he was fourteen he built his first sauna.

Sotkajærvi invites us to go for a walk in the forest, in search of brown bears – this is one of the few places in Europe where they have always lived. After he has sawn up the last tree trunk, we drive into the forest. By this time, it is eleven o'clock in the evening. We make a lot of noise, so that we do not startle the bears. Last autumn, a she-bear with three cubs attacked a woman who was exercising her dog in the forest. The bear was subsequently shot dead.

You can see by the way that the woodcutter walks through the forest that he has been coming there since childhood. He nonchalantly points out tracks that are invisible to the untrained eye. A tree stump in which a bear's claw has been digging, in search of ants. A black fungus growing on a tree trunk, which you can cook and drink for medical purposes. It is almost midnight, but rays of sun are piercing through the mist that is hanging between the pine branches. I ask Ben-Arne if he gets gloomy in the winter, when the sun doesn't rise for three months. 'People think that winter can be depressing. But, in fact, the light then is fantastic. Fifty shades of grey,' he jokes. 'The sun doesn't come up above the horizon, but it shimmers. A kind of eternal sunset. It is much more interesting than this sun,' and he points to the small, watery sun hanging above the treetops, even though it's midnight.

We end up in a swamp. 'In a few months' time, you can't stand here, because mosquitoes will have taken over,' says Sotkajærvi. Tonight there are none. Neither are there any bears. We keep on walking through the forest, and each time we stop to listen out for bears, we are encircled by silence.

At one o'clock in the morning we are back at the campsite. Finally, after four sleepless nights and the night-time forest walk, I have the feeling that tiredness has got the upper hand. I brush my teeth in front of our cabin and look at the other side of the river, where Sotkajærvi has his sawmill. I see him striding across his land, with a large, whining lawnmower. He gives me a cheerful nod, as if mowing your lawn in the middle of the night is the most normal thing in the world. And here, perhaps it is.

You can see the Pasvik Valley as the most westerly edge of the great Russian primeval forest, which extends across the border and into Siberia. The heart of the Russian wood industry lies slightly to the south, concentrated around the Russian city of Archangelsk, on the White Sea. In the era before motorways and lorries, the wood could be shipped from here to the European markets. And this region is still an important supplier. There is a good chance that your IKEA Billy bookcase has come from here: more than half of the European Union's wood imports come from Russia. Around Archangelsk there are also huge pulp mills that produce paper, a highly energy-intensive process: the paper industry emits more CO_2 than the entire aviation industry.

We belanden bij een moeras. 'Over een paar maanden kun je hier niet staan, dan hebben de muggen het overgenomen', zegt Sotkajærvi. Vannacht zijn er geen. Beren evenmin. We lopen verder door het bos en elke keer als we stoppen met lopen om naar beren te luisteren, zijn we omringd door stilte.

Om één uur 's nachts zijn we weer op de camping. Eindelijk, na vier slapeloze nachten en de nachtelijke boswandeling, heb ik het gevoel dat de vermoeidheid de overhand neemt. Ik poets mijn tanden voor ons hutje en kijk naar de overkant van de rivier, waar Sotkajærvi zijn houtzagerij heeft. Daar loopt hij over zijn terrein, met een grote, loeiende grasmaaier. Hij knikt opgewekt naar me, alsof midden in de nacht je gazon maaien de normaalste zaak van de wereld is. Dat is het hier misschien ook wel.

De Pasvik-vallei kun je zien als het meest westelijke randje van het grote Russische oerbos, dat zich over de grens uitstrekt tot aan Siberië. Het hart van de Russische houtindustrie ligt even ten zuiden, geconcentreerd rond de Russische stad Archangelsk, aan de Witte Zee. In de tijd voor snelwegen en vrachtwagens kon van hieruit het hout naar de Europese markten verscheept worden. En nog steeds is dit gebied een belangrijke leverancier. Grote kans dat uw Billy-boekenkast uit dit gebied afkomstig is: meer dan de helft van de houtimport in de EU is afkomstig uit Rusland. Rond Archangelsk staan ook enorme houtpulpfabrieken die papier produceren, een zeer energie-intensief proces: de papierindustrie stoot meer CO_2 uit dan de gehele luchtvaartindustrie.

In de winter gingen wij op onderzoek uit in dit gebied. Onze standplaats: het huis van Gennady Tugushin en zijn vrouw Tonya, op het Russische platteland.

Gennady Tugushin zit in zijn container, op de kruising van twee wegen. Gennady is zijn officiële voornaam, maar iedereen zegt gewoon Gena. Buiten vriest het, maar in de container zorgt een kachel voor de warmte en een tv voor het vermaak. De hoofdweg loopt van Kotlas naar Syktyvkar. De andere weg is een privéweg, van het bosbedrijf. De weg is verzwaard met betonplaten, dat moet ook wel, want hier rijden alleen maar vrachtwagens volgeladen met hout.

Gena werkt als bewaker bij het bosbedrijf. Van hieruit kan hij alles in de gaten houden: wie er naar de bossen rijdt en wie er vandaan komt. Elke vrachtwagen met een lading hout moet even stoppen bij de container om te kijken of de lading hout wel goed is vastgesjord. 'Dat kan levensgevaarlijk zijn', vertelt Gena. 'Vorige week is er nog een vrachtwagen omgevallen, het hout was niet goed gebalanceerd.'

We rijden naar de haven van Sojga. Hier vertrekken de dikkere stammen naar de haven van Archangelsk. Van daaruit gaat in de lente, als de rivier Vychegda is ontdooid, al het hout per boot naar de houtzagerijen. 'Ik moet in de gaten houden dat er niks wordt gestolen, of dat er brand uitbreekt. Zodra er brand is, ben je je hele voorraad kwijt', vertelt Gena met een peuk in zijn mond.

De dunnere stammen belanden in de plaatselijke houtpulpfabrieken, waar vervolgens papier wordt gemaakt. Dat papier is bestemd voor de Europese markt, en dat wordt alleen maar meer, want geholpen door een zwakke roebel is er veel vraag naar Russisch papier. Behalve een olie- en gasgigant is Rusland ook een houtreus. De reserves zijn enorm: over de hele breedte van Rusland

In the winter we went to investigate this area. Our base: the home of Gennady Tugushin and his wife Tonya, in the Russian countryside.

BERDYSHIKHA, RUSSIA
MARCH 2018
PHOTOS: P. 64–97

Gennady Tugushin is sitting in his container, at the crossroads between two roads. Gennady is his official first name, but everyone simply calls him Gena. It is freezing outside, but in the container a stove is providing heat, and a TV provides the entertainment. The main road runs from Kotlas to Syktyvkar. The other road is a private road belonging to the forestry company. The road is reinforced with concrete slabs, which is necessary, because the only vehicles driving along it are lorries heavily laden with wood.

Gena works as a guard for the forestry company. From here, he can keep an eye on everything: who is driving into the forest and who is coming out. Every lorry with a load of wood has to stop briefly at the container so that he can check whether the load of wood is securely lashed down. 'It can be life-threatening,' Gena explains. 'Last week, another lorry toppled over because the wood wasn't correctly balanced.'

We drive to the port of Soyga, from where the thicker trunks set off for the port of Archangelsk. From there, all the wood goes by boat to the sawmills in the spring, when the Vychegda River has thawed. 'I need to check that nothing is stolen, or that fire has not broken out. As soon as there is a fire, you lose all your stock,' Gena says with a cigarette butt dangling from his mouth.

Gena and Tonya never go into the forest alone: 'You never know what you might encounter. There are snakes and bears. From time to time you find yourself picking raspberries from the same bush as a bear. But we leave each other in peace. You have to respect the forest and the animals. The forest feeds you, gives you oxygen. What more do you need?'

groeit bijna onafgebroken een gordel van boreaal bos. Ongeveer een vijfde van de bomen van de wereld staat in Rusland, dat daarmee de grootste bosbezitter ter wereld is, groter nog dan Brazilië met zijn Amazonewoud.

Verreweg het grootste deel van dit bos is ongeschikt voor de boomkap, want het ligt simpelweg te ver van de weg. Maar hier, tussen de steden Kotlas en Syktyvkar, zijn de omstandigheden ideaal: 85 procent van de economie draait hier op de bosbouw. Er is een goed wegennet, een rivier waarop het hout kan worden vervoerd, en er wonen mensen die het werk kunnen doen. Meer dan 800.000 Russen werken in de bosbouw en Gena is een van hen.

Eigenlijk is hij al met pensioen. Hij werkte zijn hele leven als houthakker, maar om zijn magere pensioen aan te vullen, is hij blijven hangen als bewaker, veelal in nachtdiensten. Zijn gezicht vertoont tekenen van een hard leven. 'Het was hard werk, de hele winter ging het door. Pas als het kwik daalde tot onder de min 40 graden Celsius kregen we vrij. In de Sovjettijd waren er geen zware machines, alles ging met de kettingzaag.'

Hij neemt ons mee naar zijn huis, in het dorp Berdisjicha, een kwartiertje rijden van de container. Zijn auto zet hij aan de kant bij de afslag naar zijn dorp, de laatste kilometer doen we te voet. 'Het gaat behoorlijk sneeuwen vanavond, en als het echt goed sneeuwt, kom ik morgen het dorp niet uit. De hoofdweg houden ze wel schoon vanwege de houttransporten, maar ze hebben niet altijd tijd om het dorp in te rijden.'

Het dorp ziet er leeg uit, slechts uit twee schoorstenen komt rook. Zijn eigen huis staat aan het einde van de weg. Een radio hangt aan een boom in de besneeuwde tuin, op vol volume. Om de stilte te bezweren, lijkt het. Trots toont hij de *banya*, de Russische sauna, en zijn konijnenhok. 'De eerste keer dat ik een konijn moest slachten, moest ik huilen, daarna niet meer. Konijnenvlees is goed voor je gezondheid, vooral als je al wat ouder bent', legt hij uit.

Binnen heeft zijn vrouw Tonya zoals de Russische gastvrijheid het voorschrijft de tafel vol gezet met lekkernijen. Nagenoeg alles is afkomstig van hun moestuin en het bos aan de overkant van de rivier. In de winter valt er niet veel te doen, maar in de zomer maakt het echtpaar lange uren, de middernachtzon komt dan goed van pas. Groenten uit de moestuin, paddenstoelen, bessen en het sap van berken uit het bos, en vis uit de rivier. Het bos gaan ze nooit alleen in: 'Je weet nooit wat je tegenkomt. Er zijn slangen en beren. Af en toe sta je met een beer aan dezelfde frambozenstruik te plukken. Maar we laten elkaar met rust. Het bos en de dieren moet je respecteren. Het bos voedt je, geeft zuurstof. Wat heb je nog meer nodig?'

'Alleen suiker kopen we in de winkel, anders kan ik geen cognac maken', zegt Gena. Tonya haalt een enorme weckpot met cognac uit de kelder, waar ook rijen met ingemaakte groenten staan om de winter door te komen.

Hout krijgt Gena uiteraard van zijn bedrijf. Elk jaar een vrachtwagen vol, om de winter door te komen. Zonder hout is leven niet mogelijk in Russische dorpen. De kachel vormt het hart van het huis, typisch voor Russische dorpshuizen. Het is een enorm bakstenen gevaarte. De kamers grenzen allemaal aan de kachel, zodat het overal behaaglijk warm is. 'Als ik echt oud word, kom ik daar terecht', vertelt Tonya en wijst naar de bovenkant van de kachel. Russen op leeftijd liggen op de kachel, het warmste plekje van het huis, tussen de viltlaarzen die er te drogen liggen.

De hele dag staan twee televisies aan: één voor Tonya in de ene kamer, en één voor Gena in de andere kamer. De tv van Gena staat permanent op het Eerste Kanaal, een staatszender waar kijkers de

The more slender trunks end up in the local pulp mills, after which they are made into paper. This paper is destined for the European market, and the volume keeps on growing because thanks to the weak rouble, the demand for Russian paper is high. As well as being a big player in oil and gas, Russia is also a paper giant. The reserves are huge: there is a belt of boreal forest growing almost uninterrupted across the entire width of Russia. Around one-fifth of the world's trees are growing in Russia, which is therefore the largest forest owner in the world, even larger than Brazil with its Amazon rainforest.

The overwhelming majority of this forest is unsuitable for logging, because it is quite simply too far from the road. But here, between Kotlas and Syktyvkar, conditions are perfect: 85 per cent of the economy here revolves around forestry. There is a good road network, a river on which the wood can be transported, and people living here who can do the work. More than 800,000 Russians work in forestry, and Gena is one of them.

In fact, he has already retired. He worked as a logger his whole life, but in order to supplement his meagre pension he has stayed on as a guard, mostly working night shifts. His face shows signs of a hard life. 'It was back-breaking work; it kept going all winter. Only when the mercury dropped to below 40 degrees Celsius did we get a day off. In the Soviet era, there were no heavy machines; everything was done with a chainsaw.'

He takes us with him to his house, in the village of Berdyshikha, fifteen minutes' drive from the container. He parks his car on the edge of the road beside the turning to his village, as we shall be doing the final kilometre on foot. 'It's going to snow quite heavily tonight, and if it really snows, I won't make it out of the village tomorrow. They keep the main road clear because of the wood transports, but they don't always have time to drive into the village.'

The village looks empty, with smoke rising from just two chimneys. His own house stands at the end of the road. A radio hangs in a tree in the snowy garden, playing at full volume. It seems to be designed to dispel the silence. Proudly he shows us the *banya*, the Russian sauna, and his rabbit hutch. 'The first time I had to slaughter a rabbit, I cried, but after that never again. Rabbit meat is good for your health, especially if you are a little older,' he explains.

Inside, as Russian hospitality dictates, his wife Tonya has prepared a table full of delicacies. Almost everything comes from their vegetable garden and the forest on the other side of the river. In the winter there is not much to do, but in the summer the couple work long hours, and the midnight sun comes in handy. Vegetables from the garden, mushrooms, berries and birch sap from the forest, and a fish from the river. They never go into the forest alone: 'You never know what you might encounter. There are snakes and bears. From time to time you find yourself picking raspberries from the same bush as a bear. But we leave each other in peace. You have to respect the forest and the animals. The forest feeds you, gives you oxygen. What more do you need?'

'The only thing we buy in the shop is sugar, otherwise I can't make brandy,' Gena says. Tonya fetches an enormous preserving jar with brandy from the cellar, which also contains row upon row of preserved vegetables to see them through the winter.

hele dag door worden gebombardeerd met propaganda. Volgens Gena is Rusland omringd door vijanden en is iedereen eropuit om Rusland kapot te maken. Dat is precies wat het Kremlin ook doet: alle binnenlandse problemen – dat hij bijvoorbeeld nog steeds moet werken om zijn pensioen aan te vullen – wijten aan buitenlandse politiek.

Als Gena echt tekeergaat, komt Tonya uit de andere kamer om de aandacht af te leiden met een glaasje cognac. 'Wil je mijn kinderen zien?', vraagt Tonya en ze neemt mij mee naar een vensterbank aan de zuidkant van het huis. Daar staan kleine potjes met tomaten-plantjes, ze zijn pas ontkiemd. Op deze manier maakt ze het groei-seizoen wat langer. In mei, als de meeste sneeuw weg is, kunnen de tomaten in de kas.

Tonya komt uit Donetsk, in het oosten van Oekraïne, waar nu de oorlog woedt. Met haar Oekraïense paspoort kan ze niet werken in Rusland, dus zorgt ze voor het huishouden. 'Natuurlijk mis ik mijn vrienden en het stadsleven. Naar de bioscoop, heerlijk! Maar ik kan niet terug, er is oorlog. En bovendien: Gena krijg ik nooit naar de stad.'

De volgende ochtend klopt Gena aan. De sneeuw is geruimd op de hoofdweg en hij wil ons meenemen naar de houthakkers. We rijden vijftig kilometer door een bos dat al in de Sovjettijd is gekapt en herplant. De bomen zijn nog niet rijp om al te worden gekapt. Het herplanten van bomen is een groot probleem in Rusland. Weliswaar worden er op grote schaal nieuwe bomen geplant, maar ze worden vervolgens niet goed onderhouden. Dat wordt over een jaar of twintig een probleem, als ze moeten worden gekapt, want het is maar de vraag hoeveel er dan nog van overeind staan.
We komen aan bij de houthakkers. Ondanks de vrieskou is het beter werken dan in de zomer, als de muggen het werk bijna onmogelijk maken.
Het wordt donker. Enorme voertuigen met bouwlampen kruipen als monsters door het bos, op een meter of vijftig van ons vandaan, dichterbij mogen we niet komen. Telkens zie je een den verdwijnen in de muil van een van de monsters, die hem moeiteloos omzaagt, stript van zijn takken en als een luciferhoutje op de grond gooit. Om een nieuw leven te beginnen als kast, tafel, krant of tissue.

Het is dag vier in de hut. Na een paar dagen slecht weer worden we wakker zonder een wolkje aan de lucht. Als we een trektocht willen maken, zouden we dat vandaag moeten doen. Om de een of andere reden hebben mensen de onbedwingbare behoefte de wildernis in te gaan. Misschien is het nieuwsgierigheid. Misschien is het de behoefte aan een soort krachtmeting, het idee dat je de natuur de baas kunt zijn. Of zit het nog dieper in ons instinct verankerd, vanaf de allereerste mensen, die nog in de bomen woonden, miljoenen jaren geleden.

Alaska is een magneet voor avonturiers die de ongerepte wildernis willen ervaren. Die tendens nam een vlucht na het verschijnen van *Into the Wild* van de Amerikaanse schrijver Jon Krakauer. Hij vertelt in dat boek het waargebeurde verhaal van de 24-jarige Christopher McCandless, die de bush intrekt om er nooit meer levend uit te komen. Zijn standplaats is een verlaten bus, zijn eten raakt op, hij eet de verkeerde bes en sterft. Elk jaar zijn er wel mensen die een trektocht maken naar de bus. En elk jaar moeten de hulpdiensten uitrukken om zulke mensen te bevrijden uit een benarde situatie, of erger nog, om hun lichamen te bergen, zoals een 29-jarige Française die verdronk tijdens haar zoektocht naar de bus.

Naturally, Gena gets wood from his company. A lorryload every year to get through the winter. Without wood, life is impossible in Russian villages. The stove is at the heart of the home, and is typical of Russian village houses. It is a huge brick monster. The rooms all adjoin the stove, so everywhere is pleasantly warm. 'When I get really old, this is where I'll end up,' Tonya says, pointing to the top of the stove. Elderly Russians lie on the stove, the warmest place in the house, in between the felt boots that they put there to dry.

Two televisions are on throughout the day; one for Tonya in one room, and one for Gena in the other. Gena's TV is permanently tuned to the First Channel, a state broadcaster where viewers are bombarded with propaganda all day long. According to Gena, Russia is surrounded by enemies and everyone is set on destroying Russia. This is precisely what the Kremlin does: blame all internal problems – for example the fact that Gena has to keep on working to supplement his pension – on foreign politics.

When Gena starts getting really hot under the collar, Tonya comes out of the other room to divert attention with a glass of brandy. 'Do you want to see my children?' Tonya asks, and she takes me with her to a windowsill on the south side of the house. Standing there are small pots with baby tomato plants, which have only just germinated. In this way, she manages to extend the growing season a little. In May, when most of the snow has melted, the tomatoes can be planted out in the greenhouse.

Tonya hails from Donetsk, in Eastern Ukraine, where the war is now raging. With her Ukrainian passport, she cannot work in Russia, so she takes care of the household. 'Of course I miss my friends and city life. Going to the cinema, wonderful! But I can't go back, there is war. And anyway, I'll never persuade Gena to move to the city.'

The following morning, Gena knocks on our door. The snow has been cleared on the main road and he wants to take us with him to the loggers. We drive 50 kilometres through a forest that was already cut down and replanted in the Soviet era. The trees are not yet mature enough to be felled. Replanting trees is a big problem in Russia. Although new trees are planted on a grand scale, they are not well cared for afterwards. This will become a problem in twenty years' time, when they need to be felled, but the question is whether many of them will still be standing.

We arrive at where the loggers are. Despite the freezing cold, it is easier to work than in the summer, when the mosquitoes make working nigh on impossible.
Darkness falls. Enormous vehicles with work lights crawl through the forest like monsters, about 50 metres away from us. We are not allowed to come any closer. At intervals, you see a pine disappearing into the jaws of one of the monsters, which effortlessly fells it, strips it of its branches and throws it onto the ground like a matchstick. To start a new life as a cupboard, table, newspaper or tissue.

VOGEL LAKE CABIN, ALASKA
SEPTEMBER 2019

It is day four in the cabin. After a few days of bad weather, we awaken to a cloudless sky. If we want to set off on a hike, today is the day to do it. For one reason or another, humans have an irresistible desire to go into the wilderness. Perhaps it is curiosity. Perhaps it is the need for a show of force of some kind, the idea that you can be in charge of nature. Or is it more deeply anchored in our instinct, passed down from the very first humans who still lived in the trees, millions of years ago.

Dat gaat ons niet gebeuren. We hebben behalve berenspray ook water, eten en een satelliettelefoon mee. Een dag eerder hebben we met een roeiboot de oever verkend en aan de andere kant van de riviermonding een stuk bos gevonden dat beter begaanbaar is. Al is 'beter' een relatief begrip. Er zijn geen paden, en onder de bomen is er een wirwar van omgevallen bomen, doornstruiken en rottend hout. Het bos is dichtbegroeid en na een minuut lopen weten we al niet meer waar we vandaan kwamen. Onze bestemming is de zee, hemelsbreed vier kilometer naar het westen. Met grote moeite lopen we een kilometer per uur. Dit is het bos in zijn puurste vorm. We horen hier niet thuis, denk ik als ik over de zoveelste rotte boomstam struikel. Ik moet denken aan de oorspronkelijke betekenis van het woord 'taiga', die ik ooit hoorde van een Jakoetiër in Siberië: ondoordringbaar bos. We komen langs een plek met geplet gras. Hier heeft kort geleden een groot beest gelegen, het moet een beer of een eland geweest zijn. Ik schreeuw nog maar eens hard, om eventuele beren op de hoogte te stellen van onze komst.

Uitgeput bereiken we een paar uur later een drooggevallen moeras en besluiten dat dit het verste punt van onze voettocht wordt. Terwijl ik de soep opwarm in een pannetje maakt Jeroen foto's van de *jackpine* aan de rand van het moeras. De *jackpine* is volledig afhankelijk van bosbranden voor zijn voortplanting. Pas na een brand gaat zijn dennenappel open en verspreidt hij zijn zaadjes, die nu een goede kans hebben op zonlicht.

Moerassen vormen een waardevol onderdeel van de boreale bossen. Moerassen en veengronden slaan dubbel zoveel koolstof op als alle bossen bij elkaar. Tenminste, in natte toestand. Steeds vaker staan dit soort moerassen en veengebieden droog. Dat is een probleem, want een droog moeras is veel minder in staat om zijn koolstof te behouden. Zonder water beginnen plantenresten te rotten en stoten ze CO_2 uit. Het is die droogte die in de zomer van 2019 zorgde voor historische branden. Van Alaska tot de Amazone stonden de bossen in brand. Door de opwarming van de aarde is een groter oppervlak vatbaar voor branden, vinden ze vaker plaats en duurt het brandseizoen langer. En juist de naaldbomen van de boreale zone zijn het meest vatbaar voor vuur. Het kan hier lange periodes niet regenen, en de bomen produceren terpenen, etherische oliën die dienen als een soort antivries in de winter en om insecten af te schrikken in de zomer. Het zijn de terpenen die zorgen voor die karakteristieke dennengeur waar zoveel mensen dol op zijn. Terpenen zijn ook licht ontvlambaar.

Gemiddeld verdwijnt eens in de tweehonderd jaar een boreale boom door vuur, maar nu gebeurt dat dus vaker. En het is de vraag wat voor soort boom ervoor in de plaats komt. Zo groeien er in het Hoge Noorden van Rusland lariksen, die hun naalden verliezen in de winter. Maar door de opwarmende aarde wordt hun plek ingenomen door naaldbomen, die hun naalden houden in de winter. Daardoor is het bos van boven donkerder in de winter, waardoor de zon minder goed weerkaatst wordt. En zo warmt de aarde nog verder op.

Een paar weken voor ons bezoek aan Alaska zaten we nog in Rusland, toen talloze bosbranden woedden in het hele land.

Alaska is a magnet for adventurers who want to experience the pristine wilderness. This trend was given a boost following the release of *Into the Wild* by the American writer Jon Krakauer. In the book, he tells the true story of the 24-year-old Christopher McCandless, who goes into the bush and does not make it out alive. He lives in an abandoned bus, his food supplies run out, he eats the wrong berry and dies. Every year there are people who hike to the bus. And every year the emergency services have to turn out to rescue such people from a terrible plight, or, worse still, to recover their bodies, like that of a 29-year-old Frenchwoman who drowned whilst searching for the bus.

That is not going to happen to us. As well as bear spray, we have water, food and a satellite phone. The previous day, we explored the bank with a rowing boat and found a piece of forest on the other side of the estuary that is more easily accessible. Although 'more easily' is a relative concept. There are no paths, and beneath the trees is a tangle of fallen timber, thorny bushes and rotting wood. The forest is overgrown and after a minute's walking, we no longer know where we came from. Our destination is the sea, 4 kilometres to the west as the crow flies. With great difficulty, we walk 1 kilometre per hour. This is the forest in its purest form. We do not belong here, I think, as I trip over yet another rotten tree trunk. I think of the original meaning of the word *taiga*, which I once heard from a Yakut in Siberia: impenetrable forest. We go past a spot with flattened grass. A large animal has been lying here a short time ago; it must have been a bear or a moose. I let out another loud cry, to ensure that any bears that might be in the vicinity are fully aware of our arrival.

Exhausted, we reach a dried-up swamp a few hours later and decide that this will be the furthest point of our hike. While I warm up the soup in a pan, Jeroen takes photos of the jack pine on the edge of the swamp. The jack pine is entirely dependent on forest fires for its reproduction. Only after a fire does its cone open up and spread its seeds, which will now have a good chance of seeing some sunlight.

Swamps are a valuable part of the boreal forests. Swamps and peat bogs store double the amount of carbon stored by all the forests put together. At least, they do when they are wet. More and more often, these kinds of swamps and peat bogs are drying up. This is a problem, because a dry swamp has far less capacity to store its carbon. Without water, plant residues begin to rot and emit CO_2. It was drought that caused historic fires in 2019. From Alaska to the Amazon, the forests were burning. Due to global warming, a larger area is susceptible to fires, they are occurring more often, and the fire season is lasting longer. And the conifers of the boreal zone are the most vulnerable to fire. Here there can be long periods without rain, and the trees produce terpenes, essential oils that act as a kind of antifreeze in the winter and repel insects in the summer. It is the terpenes that create that typical pine smell that so many people love. Terpenes are also highly flammable.

On average, one boreal tree disappears every two hundred years as a result of fire, but this is now happening more often. And the question then is what kind of tree comes in its place. Growing in the Far North and Russia are larch, which lose their needles in winter. However, because of the warming earth, their place is being taken by conifers that retain their needles in winter. So, from above, the forest is darker in winter, which means that it reflects the sun less effectively. And thus the earth warms up even more.

A few weeks before our visit to Alaska, we were still in Russia, when numerous forest fires were raging throughout the country.

'De laatste jaren is het weer in de war. Droge bliksem, die de branden in de afgelegen gebieden veroorzaakt, komt steeds vaker voor. En het heeft sinds half juni niet meer geregend, dus in juli zijn de branden gewoon doorgegaan. De opwarming van de aarde, hè', zegt Grigory Serdjoekov terwijl zijn telefoon weer rinkelt. Serdjoekov is de directeur van het plaatselijke kantoor van Aviales, de Russische dienst die verantwoordelijk is voor blusactiviteiten vanuit de lucht. Deze dienst probeert de meest afgelegen bosbranden te bestrijden. Serdjoekov is een energieke jongeman en dat is maar goed ook, want tijdens het interview rinkelt elke dertig seconden zijn telefoon.

Aviales is verantwoordelijk voor het blussen van de branden in gebieden waar de brandweer niet met trucks kan komen, de zogenaamde 'controlezones'. De Russische overheid heeft die in 2015 in het leven geroepen. Het gaat om afgelegen gebieden waar branden – volgens de overheid – geen 'economische' schade kunnen aanrichten en die in principe niet worden geblust, tenzij het uit de hand loopt. En dit jaar loopt het flink uit de hand, vertelt Serdjoekov. Hij laat een kaart zien van Boerjatië met daarop 170 stipjes. Elk stipje is een grote brand. Brandbestrijding in deze afgelegen gebieden gebeurt door gedropte parachutisten, een man of zeven, die zijn gewapend met een kettingzaag, een pomp, blusapparaten en proviand voor een dag of tien. In de wildernis maken ze brandgangen en blussen ze indien mogelijk de brand.

Het kantoor van Serdjoekov ligt aan de rand van Ulan-Ude, hoofdstad van de deelrepubliek Boerjatië, waar de stad overgaat in het eindeloze Siberische bos. De branden beginnen in het voorjaar en normaliter is er een pauze in juli, als regen de meeste branden dooft. Serdjoekov is verantwoordelijk voor de bestrijding van branden in Boerjatië, een gebied ongeveer zo groot als Duitsland, gelegen ten zuiden en oosten van het Baikal-meer.

Het is begin augustus en Rusland staat in brand. Bosbranden zijn een natuurlijk verschijnsel, noodzakelijk voor de gezondheid van het bos. Maar de schaal waarop het bos momenteel brandt, is abnormaal: tot nog toe is ongeveer tweemaal de oppervlakte van Nederland in vlammen opgegaan, en het brandt er nog steeds. De gemiddelde temperatuur in Siberië in juni lag 10 graden boven het gemiddelde gemeten tussen 1981 en 2010, meldt de Wereld Meteorologische Organisatie. Dat zorgde voor de ideale omstandigheden voor bosbranden.

Niet alleen is er een grotere kans op branden door een opwarmende aarde, de branden zelf zorgen voor verdere opwarming. In een klap komt alle koolstof vrij die opgeslagen is in de bomen. Bij de Siberische branden van deze zomer kwam tot nu toe ongeveer 166 megaton CO_2 vrij – meer dan de totale uitstoot van Nederland in 2018. Daar komt bij dat veel roetdeeltjes neerslaan op permanent besneeuwde gebieden in het Hoge Noorden. Door dat laagje roet weerkaatst de zon minder goed en houdt de grond meer warmte vast, wat op zijn beurt leidt tot nog meer opwarming.

Serdjoekov laat ons meevliegen met de mannen van Aviales. We zitten in een antiek Antonov-vliegtuigje, dat proviand gaat droppen bij een groep parachutisten-brandweermannen in het afgelegen bos van een natuurreservaat. Ze zijn al tien dagen bezig om de brand te blussen, en het eten is bijna op. We vliegen over de delta van de Bargoezin-rivier, en de piloot wijst naar dunne lijntjes langs de rivier. Dat blijken berenpaden te zijn. Ik vraag hem wanneer hij voor het laatst een vrije dag had. 'In mei!', roept de man lachend.

De rooklucht wordt sterker – we naderen dus de plek voor de dropping. Het vuur is ingedamd, ze zijn bezig met nablussen, maar een enorm gebied is uitgebrand. Elk gevoel voor schaal verdwijnt.

'In recent years the weather has been in disarray. Dry lightning, which causes the fires in the remote areas, is increasingly common. And it hasn't rained since mid-June, so in July the fires just carried on burning. It's global warming, right,' says Grigory Serdyukov as his phone rings again. Serdyukov is the director of the local office of Aviales, the Russian service responsible for putting out fires from the air. This service attempts to fight the most remote forest fires from the air. Serdyukov is an energetic young man and that's just as well, because during the interview his phone rings every thirty seconds.

Aviales is responsible for putting out fires in the areas that the fire service cannot access with trucks, the so-called 'control zones'. The Russian government created these in 2015. These are remote areas where fires – according to the government – cannot do any 'economic' damage and are in principle not extinguished, unless things get out of hand. And, this year, things are getting seriously out of hand, Serdyukov tells us. He shows us a map of Buryatia with 170 dots on it. Each dot is a large fire. Firefighting in this remote area is done by dropped parachutists, around seven of them, armed with a chainsaw, a pump, fire extinguishers and provisions for about ten days. They create fire corridors in the wilderness and, if necessary, they put out the fire.

Serdyukov's office is at the edge of Ulan-Ude, the capital city of the Russian republic of Buryatia, at the point where the city runs into the endless Siberian forest. The fires start in the spring and there is normally a pause in July, when rain puts out the majority of fires. Serdyukov is responsible for fighting fires in Buryatia, an area about the same size as Germany, situated to the south and east of Lake Baikal.

It is early August and Russia is on fire. Forest fires are a natural phenomenon, necessary for the health of the forest. But the scale on which the forest is currently burning is abnormal: up to now, an area around twice the size of the Netherlands has gone up in flames, and it is still burning. The average temperature in Siberia in June was 10 degrees above the average measured between 1981 and 2010, the World Meteorological Organisation reports. This created the ideal conditions for forest fires.

Not only is there a greater risk of fires due to a warming earth, but the fires themselves also bring about further warming. All the carbon stored in the trees is released in one fell swoop. During the Siberian fires this summer, around 166 megatons of CO_2 has been released up to now – more than the total emissions of the Netherlands in 2018. In addition, many soot particles settle on permanently snow-covered regions in the Far North. The layer of soot means that the sun reflects less well and the ground retains more heat, which in turn leads to yet more warming.

Serdyukov allows us to fly with the men from Aviales. We are sitting in an antique Antonov plane, which is going to drop provisions for a group of parachutist firefighters in the remote forest of a nature reserve. They have been putting out the fire for ten days now, and their food supplies are almost exhausted. We fly over the delta of the Barguzin River, and the pilot points to thin lines beside the river. These are apparently bear paths. I asked him when he last had a day off. 'In May!' the man laughingly shouts. The smell of smoke in the air is becoming stronger – so we are nearing the dropping site. The fire has been contained and they are now engaged in damping down, but a huge area has burnt out. All sense of scale vanishes. Only when we fly over the parachutists' miniscule tents do you get an idea of how much forest has burned there. It is clear that the overworked men of Aviales cannot do this alone. In the centre of

Pas als we over de minuscule tentjes van de parachutisten vliegen, krijg je een idee van hoeveel bos er is verbrand.

Het is duidelijk dat de overwerkte mannen van Aviales het niet alleen aankunnen. In het centrum van Ulan-Ude staat Lenin nog op het centrale plein, in dit geval in de vorm van een enorm hoofd van drie verdiepingen hoog. Niet ver van het beeld houdt Andrej Borodin kantoor in een klein kamertje van een school voor gehandicapte kinderen. Borodin geeft leiding aan een groep vrijwilligers die de brand bestrijden. Dat is ongebruikelijk in een land waar de meeste mensen vinden dat de staat verantwoordelijk is voor het oplossen van problemen – een erfenis van de Sovjet-Unie.

Borodin is Boerjatiër, een volk dat verwant is aan hun zuiderburen in Mongolië. Hij laat trots de vlag van Boerjatië zien, met daarop drie vlammen die verleden, heden en toekomst voorstellen. 'Voor die derde vlam, de toekomst, doe ik mijn werk', vertelt Borodin. 'Eerder werkte ik bij de overheid, en zag dat de staat niet was opgewassen tegen de schaal van de branden. Vaak was geld niet het probleem, maar was er vooral gebrekkige informatievoorziening. De autoriteiten beloofden voortdurend om de branden te blussen maar dan gebeurde dat niet. Bewoners kregen een machteloos gevoel.'
De organisatie van Borodin helpt met het lokaliseren en melden van branden, en als het nodig is met het blussen. Voorts geven de vrijwilligers, met behulp van Greenpeace, voorlichting over hoe je branden kunt voorkomen: 'Zeventig procent van de branden ontstaan door menselijk handelen. Veel boeren steken in de lente nog steeds het grasland in de fik omdat ze denken dat de grond daar vruchtbaar van wordt. Zo beginnen veel bosbranden.'

Ulan-Ude, Lenin still stands on the central square, in this case in the form of an enormous head that is three storeys high. Not far from the statue, Andrej Borodin has an office in a small room of a school for disabled children. Borodin leads a group of volunteers who are fighting the fire. That is unusual in a country where most people regard it as the state's responsibility to solve problems – a legacy of the Soviet Union.

Borodin is a Buryat, a people that are related to their southern neighbours in Mongolia. He proudly shows us the flag of Buryatia, which sports three flames representing the past, the present and the future. 'It is for this third flame, the future, that I'm doing my work,' Borodin tells us. 'I used to work for the government, and I saw that the state could not cope with the scale of the fires. Often, the problem was not money, but poor information provision. The authorities constantly promised to put out the fires but then it didn't happen. Residents were left feeling powerless.'

Borodin's organisation helps pinpoint and report fires, and, if necessary, helps put them out. In addition, with the aid of Greenpeace, the volunteers provide information on fire prevention: 'Seventy per cent of the fires are caused by human activity. Many farmers still set fire to grassland in spring because they believe that it makes the soil more fertile. A large number of forest fires start in this way.'

Borodin also fights against illegal logging, which is a lucrative trade with China and its endless demand for wood. Borodin: 'These loggers only take the planks with them. They leave the bark and sawdust behind, and this acts like gunpowder in dry conditions. It catches fire, or they set fire to it themselves to cover up their activities.'

We visit the annual camp for the volunteers, where they learn how to put out fires in just under a week. This is the fourth year that the camp has been staged. It is set up between the conifers on the edge of Lake Baikal. Above the fire simmers a cauldron of buckwheat and tushonka, stewed pork from a can. The participants have come from all over Siberia. Jelena Belova is from Krasnoyarsk.

'I joined the volunteers after the big forest fires of 2015. That year the smoke pollution was terrible and this year it's the same. The authorities' reaction is always to say there is nothing wrong. But the problem with a forest fire is that you cannot hide it.'

Across Siberia, people took to the streets this summer to demonstrate against the government's tardy intervention. They demanded the resignation of those in power locally – highly unusual in a country where people customarily accept things with resignation.

Ekaterina Groedinina of Greenpeace has also noticed that Russians are no longer looking on helplessly. 'This summer, we started up a petition to force the government to fight the forest fires more effectively. In no time at all, the petition had attracted 400,000 signatures. This is how we keep up the pressure on the Russian government.'

So how could the government fight these fires more effectively? Groedinina: 'More fire prevention, and earlier intervention in forest fires. It is always possible to fight a fire effectively if you get to it early.'

One of the course leaders is Solbon Sandgiev, an imposing Buryat in worn overalls with a helmet and walkie-talkie. Every now and again, one of his children jumps onto

Not only is there a greater risk of fires due to a warming earth, but the fires themselves also bring about further warming. All the carbon stored in the trees is released in one fell swoop.

VOGEL LAKE CABIN, ALASKA
SEPTEMBER 2019

Borodin strijdt ook tegen de illegale houtkap, wat een lucratieve handel is met China en zijn eindeloze vraag naar hout. Borodin: 'Die houthakkers nemen alleen de planken mee. Bast en zaagsel laten ze liggen, en dat werkt als kruit in droge situaties. Dat vliegt dan in brand, of ze steken het zelf in brand om hun activiteiten te verdoezelen.'

We bezoeken het jaarlijkse kamp voor de vrijwilligers, waar ze in amper een week leren hoe je branden moet blussen. Dit is het vierde jaar dat het kamp er staat. Het is opgezet tussen de naaldbomen aan de rand van het Baikal-meer. Boven het vuur pruttelt een ketel met boekweit en *toesjonka*, gestoofd rundvlees uit blik. De deelnemers zijn afkomstig uit heel Siberië. Jelena Belova is afkomstig uit Krasnojarsk.

'Ik ben bij de vrijwilligers gegaan na de grote bosbranden van 2015. Toen was de overlast door rook verschrikkelijk en dit jaar is het ook weer zo. De reactie van autoriteiten is altijd: zeggen dat er niets aan de hand is. Maar het probleem met een bosbrand is dat je hem niet kunt verstoppen.'
In heel Siberië gingen mensen deze zomer de straat op om te demonstreren tegen het lakse optreden van de overheid. Ze eisten het aftreden van plaatselijke machthebbers – hoogst uitzonderlijk in een land waar men over het algemeen alles gelaten accepteert. Dat Russen niet meer hulpeloos toekijken, merkt ook Ekaterina Groedinina van Greenpeace. 'Wij zijn deze zomer een petitie begonnen om de overheid te dwingen de bosbranden beter te bestrijden. Binnen de kortste keren was die petitie 400.000 keer ondertekend. Zo houden we druk op de Russische regering.'
Hoe zou de regering die branden dan beter kunnen bestrijden? Groedinina: 'Meer brandpreventie, en vroeger ingrijpen bij bosbranden. Een brand is namelijk heel goed te bestrijden, als je er maar vroeg bij bent.'

Een van de cursusleiders is Solbon Sanzjijev, een imposante Boerjatiër in een versleten overall met helm en walkietalkie. Af en toe springt een van zijn kinderen op schoot. Hij vertelt dat er elk jaar meer deelnemers zijn aan het kamp. 'Steeds meer Russen zijn zich bewust van de effecten van de opwarming van de aarde door deze bosbranden. De laatste twintig jaar is het aantal bosbranden in deze regio toegenomen, en de branden zijn ook groter geworden.'

Toch boeken de vrijwilligers kleine overwinningen, vooral in de bestrijding van de moeilijk te blussen veenbranden, die vaak maandenlang doorbranden. Ook doordat zij overleggen met de professionele hulpdiensten. 'Dit is uniek voor Rusland, we hebben in Boerjatië een commissie waar vrijwilligers samenwerken met professionele brandweerlieden, boswachters en medewerkers van het ministerie van Noodsituaties.'
Helaas is dat nog steeds een uitzondering in Rusland. Vaak is het onduidelijk wie precies verantwoordelijk is voor het monitoren of blussen van een brand, waardoor er in de praktijk niks gebeurt. Sanzjijev: 'Eerst zeiden mijn vrienden: "Je kunt het systeem niet veranderen, je bent gek." Maar de afgelopen vier jaar hebben we laten zien dat we een verschil kunnen maken.'

We pakken onze spullen in en beginnen de lange tocht terug naar de boot. Halverwege houden we uitgeput halt. Een van de talloze omgevallen boomstammen gebruiken we als bankje om bij te komen. Ik moet denken aan de nacht die we doorbrachten bij de Nederlandse en Belgische mariniers die hun jaarlijkse wintertraining in de boreale bossen van Noorwegen houden. Daar bracht

his knee. He tells us that the number of participants at the camp is increasing every year. 'More and more Russians are aware of the effects of global warming due to these forest fires. In the past twenty years, the number of forest fires in this region has increased, and the fires have also become bigger.'

And yet the volunteers are winning some small victories, chiefly in fighting the peat fires that are difficult to put out and that often go on burning for months. Also, they are successful because they consult with the professional emergency services. 'This is unique for Russia. In Buryatia, we have a commission where volunteers collaborate with professional firefighters, forest rangers and staff from the Ministry of Emergency Situations.'

Sadly, this is still an exception in Russia. It is often unclear who precisely is responsible for monitoring or putting out a fire, which means that in practice nothing happens. Sandgiev: 'First my friends said: "You can't change the system, you're mad." But in the past four years, we have proved that we can make a difference.'

VOGEL LAKE CABIN, ALASKA
SEPTEMBER 2019

We pack our bags and start on the long trip back to the boat. Halfway, we come to an exhausted halt. We use one of the numerous fallen tree trunks as a bench upon which to rest. I am reminded of the night that we spent with the Dutch and Belgian marines who do their winter training in the boreal forests of Norway. There I spent the night under the open sky, in the middle of the forest. My sleeping place was a sloping tree trunk with a few pine branches on top. On the snow was a bed of pine needles, like a kind of mattress. It was rather claustrophobic beneath the branches, so I went to lie with my head under the stars. It was pretty cosy actually, surrounded by the birches and the spruces, the lead characters in our project. I looked up, at the aurora borealis, the Northern Lights. At green and yellow shapes that flicker dramatically, only to disappear again a few seconds later.

Just like that night, it is absolutely silent now in Alaska, apart from the sound of a woodpecker whose tapping beak is reminiscent of a machine gun. The tree upon which we are sitting has probably been standing here for around four hundred years, and it will be another four hundred years before its trunk has decayed completely. Its children, the pine cones, have fallen around the tree and have sometimes led a hopeless existence for a hundred years on the forest floor, to where only 3 per cent of the sunlight penetrates. Of all the seeds that a tree disperses in its lifetime – in the case of a poplar it is more than a billion – just a single seed will grow into an adult tree. A few young pines around our bench are already a metre and a half tall. Only one of them will become an adult pine. I will never know which one it is, because by then I will be long dead. Perhaps that explains the gulf of incomprehension between people and trees. It is not so much that trees look different, but that from our perspective they have such a terribly slow lifecycle. Researchers in Sweden found a pine, parts of whose root systems were 9500 years old. A tree looks at us in the same way that we look at a mayfly. If I see one, I think: what is the point of such a short life? But this is precisely how trees see us.

This small spruce in front of me will still be alive in the year 2600. Conversely, there is also a high probability that the surrounding trees were already standing there while the steam engine was being discovered – just as we began to make our mark on our climate.

ik een nacht door onder de blote hemel, midden in het bos. Mijn slaapplek was een schuine boomstam met wat dennentakken eroverheen. Op de sneeuw een bed van dennennaalden, als een soort matras. Het was een beetje claustrofobisch onder de takken, dus ging ik met mijn hoofd onder de sterren liggen. Het was eigenlijk best knus, omringd door de berken en de sparren, de hoofdpersonages van ons project. Ik keek naar boven, naar aurora borealis, het noorderlicht. Naar groene en gele vormen die heftig flikkeren en na een paar seconden weer verdwijnen.

Net als die nacht is het nu, in Alaska, volmaakt stil, op het geluid van een specht na, die met zijn tikkende snavel doet denken aan een machinegeweer. De boom waarop we zitten heeft hier waarschijnlijk een jaar of vierhonderd gestaan, en het zal nog eens vierhonderd jaar duren tot zijn stam compleet is vergaan. Zijn kinderen, de dennenappels, zijn rond de boom gevallen en hebben soms honderd jaar een hopeloos bestaan gehad op de bosbodem, waar slechts 3 procent van het zonlicht doordringt. Van alle zaden die een boom verspreidt in zijn leven – bij een populier zijn dat er meer dan een miljard – zal precies één zaadje uitgroeien tot een volwassen boom. Een paar jonge dennen rond ons bankje zijn al op anderhalve meter hoogte. Slechts een van hen zal een volwassen den worden. Welke, dat zal ik nooit weten want dan ben ik al lang dood. Misschien verklaart dat de kloof van onbegrip tussen mensen en bomen. Niet zozeer dat bomen er anders uitzien, maar dat ze, vanuit ons perspectief, zo'n verschrikkelijk trage levensloop hebben. Onderzoekers in Zweden vonden een den waarvan delen van het wortelsysteem 9500 jaar oud waren. Een boom kijkt naar ons zoals wij kijken naar een eendagsvlieg. Als ik zo'n vlieg zie, denk ik: wat is er nou aan zo'n kort leventje? Maar zo kijken bomen naar ons.

Dit sparretje voor mijn neus zal nog leven in het jaar 2600. Andersom is de kans groot dat de omringende bomen er al stonden tijdens de ontdekking van de stoommachine – net toen we begonnen een stempel te drukken op ons klimaat.

Het is die trage groei die ook de zwakke plek vormt van bomen. Want hoe kunnen ze zich aanpassen aan een snel veranderend klimaat? In Japan doen ze hier onderzoek naar.

HOKKAIDO, JAPAN
SEPTEMBER 2016
FOTO'S: P. 190–209

'Waarom bent u juist bomen gaan onderzoeken?', vraag ik. Tsutom Hiura, onderzoeker aan de Universiteit van Sapporo, lijkt van zijn stuk gebracht door deze ogenschijnlijk onschuldige vraag. Na enig nadenken antwoordt hij: 'Omdat ze groot zijn, denk ik. En een enorme impact hebben op de rest van de natuur.' Groot zijn ze zeker. We bungelen in een gondel aan een kraan, een meter of 25 boven de grond. Hiura komt hier graag. Onder ons ligt het dichte bos van Tomakomai Experimental Forest, een plek waar ongeveer dertig studenten en onderzoekers experimenten uitvoeren op de beplanting. Het is hier zo dicht bebost dat het nogal donker is, op het claustrofobische af.

Daarom is het fijn om boven de bomen te hangen. In de verte ligt de Tarumae-vulkaan, die voor het laatst ontplofte in 1982. De as van de vulkaan zorgt voor een vruchtbare bodem waarop de bomen kunnen groeien. De rivier die door het bos loopt, begint aan de top van de vulkaan. Aan de andere kant van het bos stijgt rook op van de schoorsteen van de papierfabriek, waar veel van de bomen uit de omliggende bossen terechtkomen. En onder ons kunnen we de kruinen van de bomen bijna aanraken. Het waait niet, het is volkomen stil. Het is een wonderlijk gezicht, intiem op een bepaalde manier.

It is this slow growth that is also trees' weak point. Because how can they adjust to a rapidly changing climate? In Japan, they are researching this very thing.

52
53

HOKKAIDO, JAPAN
SEPTEMBER 2016
PHOTOS: P. 190–209

'Why did you specifically decide to research trees?' I ask. Tsutom Hiura, a researcher at the University of Sapporo, his rhythm seems to have been thrown off by this apparently innocent question. After some consideration, he replies: 'Because they are big, I think. And have an enormous impact on the rest of nature.' They are certainly big. We are dangling from a crane in a gondola, about 25 metres above the ground. Hiura enjoys coming here. Beneath us lies the dense woodland of the Tomakomai Experimental Forest, a place where around thirty students and researchers are carrying out experiments on the vegetation. It is so densely forested here that it is pretty dark, to the point of claustrophobia.

That's why it is so lovely to be hanging above the trees. In the distance lies the Tarumae volcano, which last erupted in 1982. The ash from the volcano creates a fertile soil on which trees can grow. The river than runs through the forest starts at the summit of the volcano. On the other side of the forest, smoke is rising up from the chimney of the paper factory, where many of the trees from the surrounding forests end up. And beneath us we can almost touch the crowns of the trees. There is no wind, it is totally still. This is a wonderful sight, intimate in a certain way.

The crane is part of a worldwide network of cranes that are used to study the crowns of trees, which, because of their height, are researched relatively little. Branches are marked to keep track of growth. Leaves are collected in nets. Down below, Hiura shows us a metal structure, which he has christened the 'jungle-gym'. The structure is built around a group of trees, which makes them far easier to reach. Further on, there is hissing coming from beneath a tree. The sound is emanating from a valve that at intervals shuts off a PVC pipe protruding from the ground. 'This piece of forest has been artificially heated an additional four degrees for nine years now. We do this with underground cables that emit the heat. Our aim is to mimic the warmed earth which we'll have to deal with in the future.' The pipe measures the CO_2 level of the forest floor.

'Research into the forest floor is relatively scarce,' Hiura tells us. That is crazy, because the processes on the forest floor play a key role in the carbon cycle: the take-up and release of CO_2 by plants and trees. Organic material on the forest floor produces CO_2 and the temperature plays a role in this. For example, if the temperature this century rises by two degrees Celsius, the forest floor will produce exactly the same amount of extra CO_2 as all human activities at this moment put together. In Tomakomai, they are studying how a raised temperature influences this CO_2 production. For example, Dr Hiura and his team have discovered that a warm spring produces relatively more CO_2 than a warm summer.

A member of staff from the university brings us to our lodgings. Even he can't believe his eyes. It is a traditional Japanese guesthouse, which are becoming increasingly scarce: futon mattresses on reed mats. A *yukata*, a light kimono, is hanging on the coat hook. The staff member gestures to a Japanese bath that has already been filled with boiling hot water. We should take a bath and put on the *yukata* for dinner.

De kraan maakt deel uit van een wereldwijd netwerk van kranen die worden gebruikt om de kruinen van bomen te bestuderen die vanwege de hoogte relatief weinig onderzocht zijn. Takken zijn gemarkeerd om de groei bij te houden. In vangnetten worden bladeren verzameld. Beneden laat Hiura een metalen stellage zien, die hij de 'jungle-gym' heeft gedoopt. De stellage is rond een groep bomen gebouwd, die hierdoor veel makkelijker te bereiken zijn. Verderop komt er gesis van onder een boom vandaan. Het geluid is afkomstig van een klep die eens in de zoveel tijd een pvc-buis sluit die in de bodem steekt. 'Dit stuk bos wordt al negen jaar kunstmatig met vier graden verwarmd. Dat doen we met ondergrondse kabels die warmte afgeven. We willen zo een opgewarmde aarde nabootsen waar we in de toekomst mee te maken krijgen.' De buis meet het CO_2-gehalte van de bosbodem.

'Onderzoek naar de bosbodem is relatief onderbelicht', vertelt Hiura. Dat is gek, want de processen op de bosbodem spelen een belangrijke rol in de koolstofkringloop: het opnemen en vrijgeven van CO_2 door planten en bomen. Organisch materiaal op de bosbodem produceert CO_2 en de temperatuur speelt hierin een rol. Als de temperatuur deze eeuw bijvoorbeeld stijgt met 2 graden Celsius, zal de bosbodem net zoveel extra CO_2 produceren als alle menselijke activiteiten op dit moment bij elkaar. In Tomakomai onderzoeken ze hoe een verhoogde temperatuur die CO_2 productie beïnvloedt. Zo heeft dr. Hiura met zijn team ontdekt dat een warme lente relatief meer extra CO_2 produceert dan een warme zomer.

Een medewerker van de universiteit brengt ons naar onze logeerplek. Zelfs hij kijkt zijn ogen uit. Het is een traditioneel Japans gastverblijf, waar er steeds minder van zijn: futonmatrassen op rieten matten. Een *yukata*, een dunne kimono, hangt aan de kapstok. De medewerker gebaart naar een Japans bad dat al is volgelopen met gloeiend heet water. We dienen in het bad te gaan en dan de yukata aan te trekken voor het avondeten.

Eenmaal gekleed in de yukata ga ik op de grond zitten. Een van de *shoji's* – houten schuifdeuren bekleed met rijstpapier – staat op een kleine kier. Terwijl de zon ondergaat ga ik voor de kier zitten. Buiten staat een prachtige eik. Later begrijp ik dat shoji's vaak bewust op een kier worden gezet om aandacht te vestigen op een mooie berg, rivier of boom.

De volgende ochtend arriveert een bus met eerstejaarsstudenten. Gisteren hebben ze de Tarumae-vulkaan bezocht, vandaag krijgen ze een rondleiding door dr. Hiura. Communicatie gaat moeilijk; het is mij niet helemaal duidelijk of ze geen Engels spreken of gewoon verlegen zijn. We rijden naar een plaats waar extra stikstof wordt geïnjecteerd in de bosbodem. De groep luistert beleefd. Dit is de volgende generatie onderzoekers, zij zullen voorbereid moeten zijn op een veranderende wereld – hogere temperaturen, onvoorspelbaarder en heftiger weer, en de natuur die daardoor van slag zal zijn.

Tomakomai ligt aan de zuidkust van Hokkaido, het op een na grootste en dunstbevolkte eiland van Japan. Pas in 1947 werd het een volwaardige provincie van Japan. Na de oorlog nam de bevolking van het eiland toe door de toestroom van Japanse vluchtelingen uit de overzeese gebieden. Maar nog steeds is het eiland leeg naar Japanse begrippen. We rijden noordwaarts door een bergachtig landschap. Het verkeer dunt uit en de snelweg wordt een provinciale weg. Langs het talud staan grote metalen installaties die de sneeuw van de weg moeten houden tijdens een sneeuwstorm. Aan het eind van de dag komen we aan in het stadje Teshio. Door allerhande miscommunicaties lopen Jeroen en ik per ongeluk een schoolgebouw binnen.

Once dressed in the *yukata*, I go and sit on the floor. One of the *shōji* – wooden sliding doors covered with rice paper – is slightly open. As the sun sets, I sit in front of the crack. Outside there is a beautiful oak tree. Later, I come to understand that *shōji* are often deliberately left partially open to focus attention on a beautiful mountain, river or tree.

The next morning, a busload of first-year students arrives. Yesterday they visited the Tarumae volcano, and today they will be given a tour by Dr Hiura. Communication proves difficult; it is not entirely clear to me whether they do not speak English, or whether they are simply shy. We drive to a place where additional nitrogen is being injected into the floor. The group listens politely. This is the next generation of researchers, who will need to be prepared for a changing world – higher temperatures, more unpredictable and more severe weather, and the disruptive effects that this will have on nature.

Tomakomai lies on the south coast of Hokkaido, Japan's second-largest and most densely populated island. Only in 1947 did it become a fully fledged province of Japan. After the war, the population of the island increased due to the influx of Japanese refugees from the overseas territories. But the island is still empty by Japanese standards. We drive northwards through a mountainous landscape. The traffic thins

Proudly, Takagi explains that this is Japan's northernmost forest, and one of the coldest places. Russia is not far from here and an offshoot of the boreal forest of Sakhalin runs through into Japan here. The question is how long this forest will continue to exist. Young pines are increasingly being challenged by an exotic species that is advancing from the south of Japan: the dwarf bamboo.

De directeur vertelt ons dat Teshio is uitgedund; de school telt nog maar zeven kinderen. De directeur heeft dus alle tijd om ons naar het gebouw ernaast te begeleiden: hier zit het hoofdkantoor van het experimentele bos van Teshio, gerund door Kentaro Takagi.

Trots vertelt Takagi dat dit het noordelijkste bos van Japan is, en een van de koudste plekken. Rusland ligt hier niet ver vandaan en een uitloper van het boreale bos van Sachalin loopt hier door in Japan. De vraag is hoelang dit bos nog zal bestaan. Jonge dennen worden steeds meer beconcurreerd door een exoot die oprukt uit het zuiden van Japan: de dwergbamboe. De plant bedekt nu al zo'n 80 procent van het bos. 'Wij noemen het *sasa*', vertelt Takagi. Hij neemt ons meteen mee naar zijn bos. Voor de bochten van de kronkelige weg toetert Takagi voor auto's die nooit komen. Hier wordt het probleem plots duidelijk: de grond onder de dennen is overwoekerd door de dwergbamboe. 'We verwachten dat dwergbamboe de dennen zal verdringen', vertelt Takagi. 'Met de opwarming van de aarde zullen er steeds minder dagen zijn met sneeuw. Een sneeuwdek beschermt jonge dennen tegen de ergste kou. Zonder die laag sneeuw overleven de dennen het niet, maar de bamboe wel.'

Ik vraag Takagi hoe hij de winters hier overleeft. Hij moet glimlachen en geeft mij een briefje met het adres van een *onsen*, een Japans badhuis. Later op de dag ontmoeten we Simeon Bryanin, afkomstig van het Instituut voor Geologie in het Siberische Blagovesjtsjensk, die hier bezig is met zijn doctoraalonderzoek naar de groei van boomwortels. Net als de kruinen zijn de wortels relatief onbelicht in de wetenschappelijke wereld. Uit het oog, uit het hart. Hij trekt een kap van een sleuf in de grond en schuift een doodnormale kantoorscanner in de sleuf. Hiermee maakt hij een keer in de week een scan van de boomwortels. Door de scans achter elkaar af te spelen, kan hij zien hoe de wortels zich ontwikkelen.

Terwijl Jeroen foto's neemt van het scannen, loop ik een stukje het bos in. Het duurt niet lang of ik ben aan alle kanten omringd door de bamboe die boven mij uittorent. 's Avonds neemt Simeon ons mee naar de onsen; hij gaat er regelmatig naartoe. De onsen bestaan uit drie baden: een is ontzettend heet, een is kokend heet, en één bad is rood en ruikt naar aardbeien. Ik ga in het aardbeienbad zitten. Langs de muur staan kranen en krukjes waar mannen zich grondig zitten te wassen. Kennelijk had ik dat moeten doen voor ik in bad ging; ik excuseer mij tegen de vader en zoon die ook in het bad zitten. De vader vertelt over het fenomeen *shinrin-yoku*, in 1982 ingevoerd door het Japanse ministerie van Volksgezondheid, vrij vertaald een 'bosbad'. Dat is eigenlijk niet meer dan een grondige boswandeling met een 'bostherapeut' die je door het bos leidt. Die helpt je om contact te maken met het bos, door ademhalingstechnieken of gewoon door om je heen te kijken. Vaak gebeurt dit in een soort bed, gemaakt in de holte van een boom. Klinkt zweverig? Dat is het niet: uit een Japanse studie uit 2009 blijkt dat een week in het bos zorgt voor een verbeterd immuunsysteem, een lagere bloeddruk en minder stress. Zo voelt het ook wel, na een week in het bos.

Op de laatste dag in Japan rijden we naar Wakkanai, het noordelijkste stadje van Japan. Hoe dichter we bij Wakkanai komen, hoe duidelijker we een Russisch radiostation ontvangen. De borden zijn beschreven in het Japans en het Russisch. In Wakkanai zelf staat op een winderig plein een monument dat aangeeft dat dit de noordelijkste plek van Japan is. Een Japanse fietser komt juichend aan: hij is van het zuidelijkste puntje van Japan naar Wakkanai gefietst – een echte klassieker. Aan de overkant van het water schijnt de zon op de bergen van Sachalin; ooit heette het Karafuto maar

out and the motorway becomes a provincial road. Standing beside the embankment are large metal installations designed to keep the snow off the roads during a snowstorm. At the end of the day, we arrive in the small town of Teshio. Due to a whole series of miscommunications, Jeroen and I walk into a school building. The head-teacher tells us that the population of Teshio has declined; the school now has just seven pupils. So the headteacher has all the time in the world to accompany us to the building next door: this is the head office of Teshio's experimental forest, run by Kentaro Takagi.

Proudly, Takagi explains that this is Japan's northernmost forest, and one of the coldest places. Russia is not far from here and an offshoot of the boreal forest of Sakhalin runs through into Japan here. The question is how long this forest will continue to exist. Young pines are increasingly being challenged by an exotic species that is advancing from the south of Japan: the dwarf bamboo. The plant now covers around 80 per cent of the forest. 'We call it *sasa*,' says Takagi. He immediately takes us with him to his forest. Before the bends in the winding road, Takagi hoots for cars that never come. Here the problem suddenly becomes clear: the ground beneath the pines is overgrown with the dwarf bamboo. 'We expect the dwarf bamboo to supplant the pines,' Takagi says. 'Due to global warming, there will be fewer and fewer days with snow. A layer of snow protects young pines from the first cold. Without this layer of snow, the pines will not survive it, but the bamboo will.'

I ask Takagi how he survives the winters here. He smiles and hands me a piece of paper with the address of an *onsen*, a Japanese bathhouse. Later that day, we meet Simeon Bryanin from the Institute for Geology in the Siberian city of Blagoveshensk, who is carrying out his doctoral research here into the growth of tree roots. Just like the crowns, the roots are researched relatively little in the scientific world. Out of sight, out of mind. He pulls a cover off a trench in the ground and slides an ordinary office scanner into the trench. He uses this to make a scan of the tree roots once a week. By reviewing the scans one after another, he can see how the roots develop.

While Jeroen takes photos of the scanning, I walk a little way into the forest. It is not long before I am surrounded on all sides by the bamboo that is towering above me. That evening, Simeon takes us with him to the *onsen*; he goes there regularly. The *onsen* consists of three baths: one is incredibly hot, one is boiling hot, and one bath is red and smells of strawberries. I go and sit in the strawberry bath. Along the wall are taps and stools where men are sitting and washing themselves thoroughly. Clearly, I was supposed to do that before I entered the bath; I excuse myself to the father and son who are also sitting in the bath. The father talks about the phenomenon, introduced in 1982 by the Japanese Ministry of Public Health, of *shinrin-yoku*, which loosely translates as a 'forest bath'. In fact, this is no more than an in-depth forest walk with a 'forest therapist' who leads you through the forest. They help you to make contact with the forest, through breathing techniques or simply by looking around you. This often takes place in a kind of bed, made in the hollow of a tree. Does this sound a little woolly? It's not: a Japanese study from 2009 shows that a week in the forest leads to an improved immune system, lower blood pressure and less stress. And that's genuinely how it feels after a week in the forest.

On the last day in Japan, we drive to Wakkanai, Japan's northernmost town. The closer we get to Wakkanai, the clearer our reception of a Russian radio station becomes. The signs are written in both Japanese and Russian. In Wakkanai itself, a monument standing on a windy plain declares that this is Japan's northernmost point. A jubilant

na de Tweede Wereldoorlog werd het Russisch. We gaan op zoek naar de noordelijkste boom van Japan en vinden hem even buiten Kaap Soya. Het is een laag boompje, omringd door de onvermijdelijke dwergbamboe. Zal die boom er over twintig jaar nog staan?

Na een lange dag wandelen komen we weer uit bij de boot. Vermoeid door de lange tocht door het bos, doornat en bedekt met schrammen en blauwe plekken, steken Jeroen en ik het meer over naar onze hut. Het vuur is wonderwel nog aan het smeulen, een paar blokken hout gaan erop, en met de bijl hakken we een nieuwe voorraad om te drogen voor de volgende gasten. Het is hard werken om warm te blijven. Op het vuur staat een emmer met warm water, en aan de oever wassen we de modder van het bos van ons af. We kijken naar de overkant van het meer – dat beeld gaat nooit vervelen. De golven op het meer, de wolken in de lucht, zelfs de bomen zien er elke dag anders uit. Het zijn veranderingen die je alleen kunt waarnemen met de volkomen rust en gebrek aan afleiding waar wij nu van genieten. Zonder bereik heeft het geen zin om naar je telefoon te staren. De herfst begint en de bomen verschieten langzaam richting geel, sommigen richting rood.

Schoon gewassen warmen we ons op bij de kachel. Het weer is omgeslagen: zachtjes tikt de regen op het golfplatendak. Daar komen onze vrienden weer tevoorschijn. De Cree noemen ze de *mookwa*, vrij vertaald 'de geest van de noordelijke wateren'. In een van de boeken die ik heb meegenomen staat dat rond deze tijd van het jaar het mannetje of het vrouwtje naar het zuiden vliegt, waar ze zullen overwinteren. De ander blijft achter met het kind, en vertrekt een week later richting het zuiden. Hoe ze elkaar vinden is nog steeds een mysterie. Er zijn nog zoveel geheimen in deze bossen. Een stel ijsduikers blijft voor het leven bij elkaar, en keert elke zomer terug naar hetzelfde meer. Omringd door bomen die onderdeel uitmaken van het grootste bos van de wereld.

VOGEL LAKE CABIN, ALASKA
SEPTEMBER 2019

Japanese cyclist arrives: he has cycled from Japan's southernmost point to Wakkanai
– a real classic. On the other side of the water, the sun is shining on the mountains of
Sakhalin; this was once called Karafuto, but after the Second World War, it became
Russian. We go in search of Japan's northernmost tree and find it just outside Cape
Soya. It is a small, low tree, surrounded by the inevitable dwarf bamboo. Will this tree
still be standing there in twenty years' time?

VOGEL LAKE CABIN, ALASKA
SEPTEMBER 2019

After a long day of walking, we arrive back at the boat. Worn out from the long trek
through the forest, soaked and covered with scratches and bruises, Jeroen and I cross
the lake to our cabin. Miraculously, the fire is still smouldering, a few logs go on it, and
with the axe we chop a new supply to dry for the next guests. It is hard work to stay
warm. There is a bucket with hot water standing on the fire, and on the bank we wash
off the mud from the forest. We look at the other side of the lake – how could a person
ever tire of that view? The waves on the lake, the clouds in the sky, even the trees look
different every day. These are changes that you can only discern with the perfect peace
and lack of distraction that we are now enjoying. If you have no reception, there's no
point in staring at your phone. The autumn is beginning, and the trees are gradually
turning yellow, with some turning to red.

Washed clean, we warm ourselves up by the stove. The weather has changed: the rain
is gently beating on the corrugated roof. Then our friends the Great Northern Loons
reappear. The Cree call them the *mookwa*, which loosely translated means 'the spirit
of the northern waters'. In one of the books that I have taken with me, it says that
around this time of year, the male or female will fly south, where they will spend the
winter. The other stays behind with their offspring, and departs for the south a week
later. It is still a mystery how they find one another. There are still so many secrets in
these forests. A pair of Great Northern Loons will mate for life, and return every summer to the same lake. Surrounded by trees that are part of the largest forest in the
world.

The heart of the Russian wood industry is concentrated around the Russian city of Archangelsk, on the White Sea. In the era before motorways and lorries, the wood could be shipped from here to the European markets. And this region is still an important supplier. More than half of the European Union's wood imports come from Russia.

SEE TEXT P. 38 – 42

Gennady Tugushin has already retired. He worked as a logger his whole life, but in order to supplement his meagre pension he has stayed on as a guard, mostly working night shifts. His face shows signs of a hard life. 'It was back-breaking work, it kept going all winter. Only when the mercury dropped to below 40 degrees Celsius did we get a day off. In the Soviet era, there were no heavy machines; everything was done with a chainsaw.'

The village of Berdyshikha looks empty, with smoke rising from just two chimneys. Gena's house stands at the end of the road. A radio hangs in a tree in the snowy garden, playing at full volume. To dispel the silence.

'The first time I had to slaughter a rabbit, I cried, but after that never again. Rabbit meat is good for your health, especially if you are a little older.'

In the winter there is not much to do, but in the summer Gena and his wife Tonya work long hours. Vegetables from the garden, mushrooms, berries and birch sap from the forest, and fish from the river. They never go into the forest alone: 'You never know what you might encounter. There are snakes and bears. From time to time you find yourself picking raspberries from the same bush as a bear. But we leave each other in peace. You have to respect the forest and the animals. The forest feeds you, gives you oxygen. What more do you need?'

Gena's father's grave.

Gena works as a guard for the forestry company. From here he can keep an eye on everything: who is driving into the forest and who is coming out. Every lorry with a load of wood has to stop briefly at the container so that he can check whether the load of wood is securely lashed down. 'It can be life-threatening,' Gena explains. 'Last week, another lorry toppled over because the wood wasn't correctly balanced.'

Enormous vehicles with work lights crawl through the forest like monsters. At intervals, you see a pine disappearing into the jaws of one of the monsters, which effortlessly fells it, strips it of its branches and throws it onto the ground like a matchstick. To start a new life as a cupboard, table, newspaper or tissue.

About twenty-five years ago, Canadian logging companies purchased the rights to extract wood in the traditional hunting grounds of the indigenous Cree. This was mostly done by clear-cutting: the uniform felling of all the trees in a forest. Ultimately 90 per cent of the forest disappeared in this way. All that remained was a cleared area, surrounded by an intricate road network for transporting all those trees. Just three of the fifty-two traplines are untouched. One of these belongs to Don Saganash, who said no to the logging companies.

SEE TEXT P. 19–25

Donovan Blacksmith

The Broadback Valley is one of the last places where the ancient forest is still intact.

BOREAL TREE #29

From the lake, a portage runs to another lake: a long-established pathway through the forest through which canoes could be moved between two lakes. Every generation makes a new notch in the tree, so that the route through the dense forest is not lost.

Johnny Paul Picard

Don Saganash's trapline lies on the banks of Lac Théodat

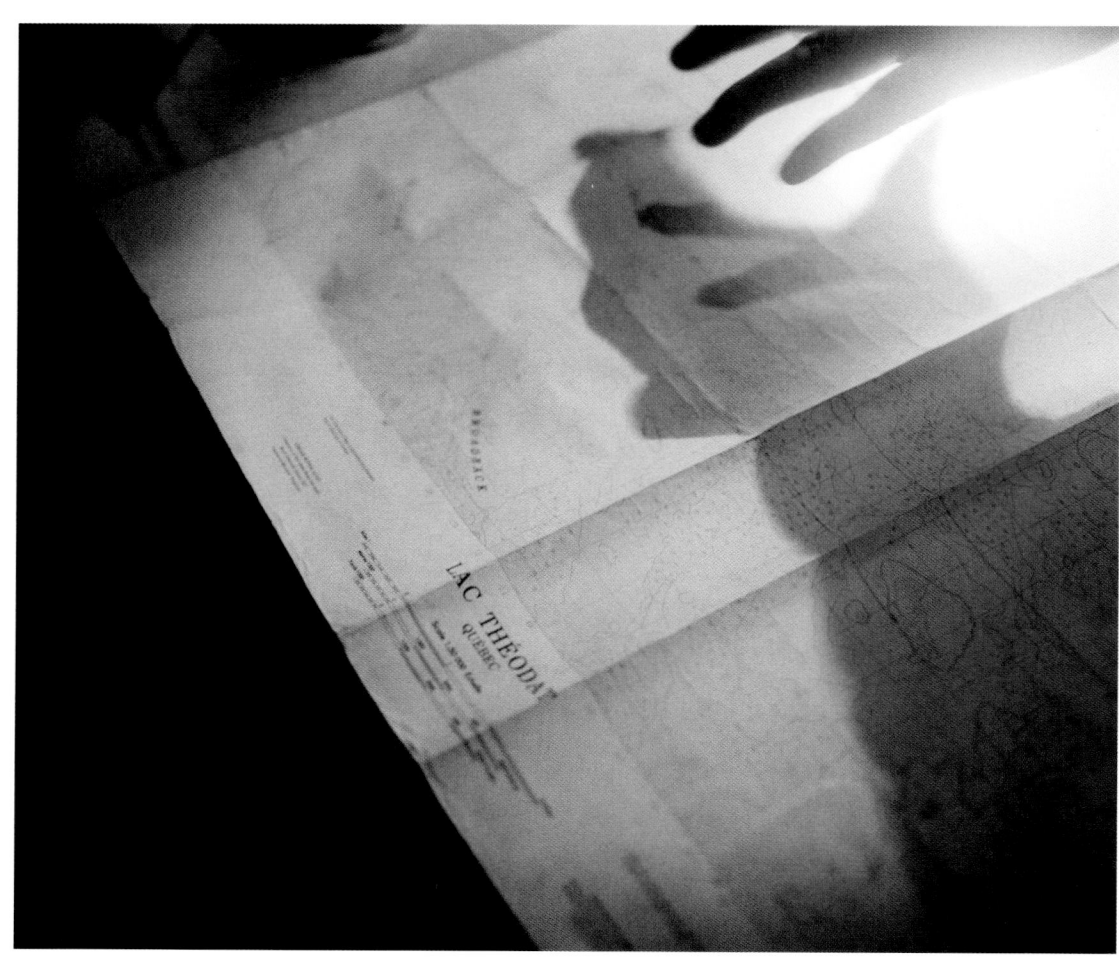

The temperature has now dropped to minus 40 degrees Celsius, and each time someone opens the front door, it is as if they are opening the door of a giant freezer. Steven Blacksmith smiles. 'Next year I'm taking a sabbatical. Then I'll retreat to my cabin in the bush and I'll live on what the land gives me.'

The next day, the wind chill temperature has fallen to below 55 degrees Celsius. A number of the Cree are showing symptoms of frostbite. We are confined to the house and the direct surroundings. Only the young people dare to go out in the cold.

As tallyman, Don Saganash is in charge of the three traplines where the forest has not yet been felled. 'A year before he died, my father made me tallyman,' he tells us. 'He said to me: "Make sure that you keep the logging companies out of our forest." I have never forgotten that.' Together with Greenpeace, Saganash is trying to make the three traplines that are still intact into a nature reserve, so that felling will never be permitted.

Three ptarmigans

Every year, Dutch and Belgian marines do their winter training in the forests of northern Norway, the first months of which are all about survival. This year, around a thousand men are taking part in the training, with Belgian and German marines as well as Dutch ones.

SEE TEXT P. 51–52

BOREAL TREE #40

The marines have just finished a march that has taken several hours. The snow is swirling down onto their packs. It is five degrees below freezing, and the marines, most of them young boys, are doing their best not to shiver. 'Why is a fire important, apart from for warmth?' Captain Roel Driessen asks. 'For morale,' a marine shouts. 'To purify water,' another calls out. 'That's right,' the instructor says. 'Without wood you cannot survive.'

Pages 136–145:
Tonight, around a hundred marines are spending the night in the forest. They are spread across the hill in groups of four. They have made a canopy out of pine branches and sit blinking around a smoking fire. A tin of potatoes hangs simmering above the fire. One of the marines is using his shovel as a kind of griddle with a piece of reindeer on it. 'This fire makes me so happy after a long day in the cold,' he says. 'I can stare at it for hours.'

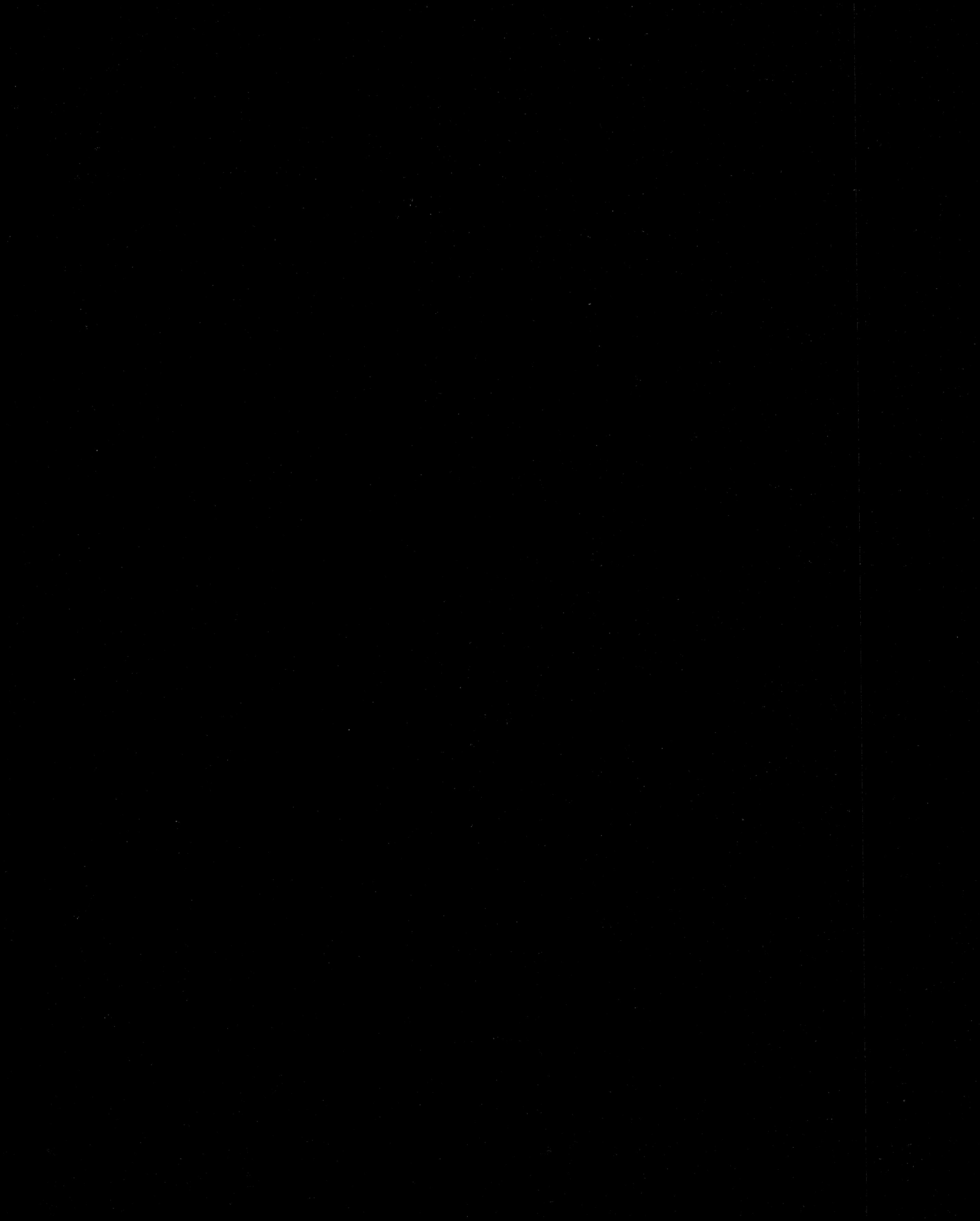

BOREAL TREE #41 The aurora borealis above the training location.

BOREAL TREE #42 View from the command post.

The village of Nyrud consists of a single house: a police station. This is where Norway ends and Russia begins. The Øvre Pasvik National Park lies in both countries; it is the most north-westerly point of a huge belt of taiga that spans the north of Russia. Police Officer Lyssand points to the other side of the river, which runs past the immaculate lawn. 'That is Russia. This police station is our way of signalling that this is Norwegian territory.'

BOREAL TREE #13

BOREAL TREE #11

The road to Treriksröset, the three-nation market post between Norway, Russia and Finland.

Ben-Arne Sotkajærvi saws the wood for the whole valley. He positions the long trunks in a clamp and then pushes them against the circular saw, which cuts through the wood as if it were butter. In the winter Sotkajærvi uses snow scooters to drag the trunks to his sawmill, where he saws them up in the spring: the most desirable parts become planks, and the lesser sections sawdust.

The 76-year-old Sven Randa started working as a logger at the age of twelve. It was shortly after the Second World War, and Finnmark, the north of Norway, was devastated. 'I remember how the Germans burned the wood supplies when the Red Army was approaching. That fire burned for months. What a terrible waste.' Still fit, Randa continues to saw trees for firewood. 'If I had spent my life sitting on the sofa in front of the TV, I would probably already be dead.'

You can see by the way that Ben-Arne Sotkajærvi walks through the forest that he has been coming there since childhood. He nonchalantly points out tracks that are invisible to the untrained eye. A tree stump in which a bear's claw has been digging, in search of ants. A black fungus growing on a tree trunk, which you can cook and drink for medical purposes.

Pages 166–167:
We end up in a swamp. 'In a few months' time, you can't stand here, because mosquitoes will have taken over,' says Sotkajærvi. We keep on walking through the forest and each time we stop to listen out for bears, we are encircled by silence.

It is early August 2019 and Russia is on fire. Forest fires are a natural phenomenon, necessary for the health of the forest. But the scale on which the forest is currently burning is abnormal: up to now, an area around twice the size of the Netherlands has gone up in flames, and it is still burning.

SEE TEXT P. 46−51

Aviales is the Russian service responsible for putting out fires from the air in areas that the fire service cannot access with trucks, the so-called 'control zones'. The Russian government created these in 2015. These are remote areas where fires – according to the government – cannot do any 'economic' damage and are in principle not extinguished, unless things get out of hand.

Firefighting in this remote area is done by dropped parachutists, around seven of them,
armed with a chainsaw, a pump, fire extinguishers and provisions for about ten days.

Mikhail Zubov, Senior Pilot Scout at Aviales, is sitting in an antique Antonov plane, which is going to drop provisions for a group of parachutist firemen in the remote forest of a nature reserve.

A camp for volunteers has been set up between the conifers on the edge of Lake Baikal. Here they learn how to put out fires in just under a week. The number of participants at the camp is increasing every year. More and more Russians are aware of the effects of global warming due to these forest fires. In the past twenty years, the number of forest fires in this region has increased, and the fires have also become bigger.

BOREAL TREE #51 Beside Lake Baikal.

'Research into the forest floor is relatively scarce,'
Dr Tsutom Hiura, a researcher at the University of
Sapporo, tells us. That is crazy, because the processes
on the forest floor play a key role in the carbon cycle:
the take-up and release of CO_2 by plants and trees.

SEE TEXT P. 52—59

A 'jungle gym' to allow the tree to be studied at different heights.

'This piece of forest has been artificially heated an additional four degrees for nine years now. We do this with underground cables that emit the heat. The pipe measures the CO_2 level of the forest floor,' Hiura tells us. In Tomakomai Experimental Forest they are studying how a raised temperature influences this CO_2 production. For example, Dr Hiura and his team have discovered that a warm spring produces relatively more CO_2 than a warm summer.

Teshio is Japan's northernmost forest and one of the coldest places. Russia is not far from here and an offshoot of the boreal forest of Sakhalin runs through into Japan here. The experimental forest is run by Kentaro Takagi. Young pines are increasingly being challenged by an exotic species that is advancing from the south of Japan: the dwarf bamboo. The plant now covers around 80 per cent of the forest.

The crane is part of a worldwide network of cranes that are used to study the crowns of trees, which, because of their height, are researched relatively little. Branches are marked to keep track of growth.

Simeon Bryanin, from the Institute for Geology in the Siberian city of Blagoveshchensk, is carrying out his doctoral research into the growth of tree roots. He slides an office scanner into a trench dug into the ground and uses it to make a scan of the tree roots once a week. By playing back the scans one after another, he can see how the roots develop.

A busload of students is given a tour by Dr Hiura.

Teshio experimental forest.

In the middle of the valley is a large Scots pine, standing solitary and majestic against the bare ground. The tree makes Alan Watson Featherstone from the organisation Trees for Life feel sad. 'This is a granny pine, an elderly tree. If you come here in twenty years' time, there will be no trees left at all. At least, unless we take action ourselves. Our forest is dying out and there will be nothing in its place.'

SEE TEXT P. 24–29

BOREAL TREE #23

BOREAL TREE #27

At the beginning of the Middle Ages, large swathes of the country were still covered with Scots pine, a characteristic Scottish tree, as well as deciduous trees such as aspen, willow, oak and birch. But the population grew, and with it the demand for wood to build houses and keep them heated. Forests were obliged to make way for agricultural land.

Scotland is home to some 400,000 red deer. They eat everything, including young conifers, especially in the winter when the animals are less choosy because of the snow cover.

Glen Affric, one of the last remaining pieces of
the Caledonian Forest.

Mullardoch Dam

Since its foundation in 1989, Trees for Life has planted around 1.5 million trees. For the first few years, these are fenced to protect them from hungry deer. When the trees are large enough, the fences can be removed.

On a sheltered mountainside, volunteers are planting young aspens. The mountain slope in question lies in the Dundreggan Estate, a former hunting ground that Trees for Life has purchased in its entirety.

Alan Watson Featherstone from the organisation Trees for Life

Frank Spencer-Nairn, the landlord of the Culligran Estate, explains that every estate is obliged to kill a number of deer annually, to prevent overpopulation. This figure is decided upon every year at a landowners' meeting. That is also the moment to talk about the expansion of Scottish forests.

ALASKA, KENAI FJORDS NATIONAL PARK

SEPTEMBER 2019

THE GREAT NORTHERN FOREST

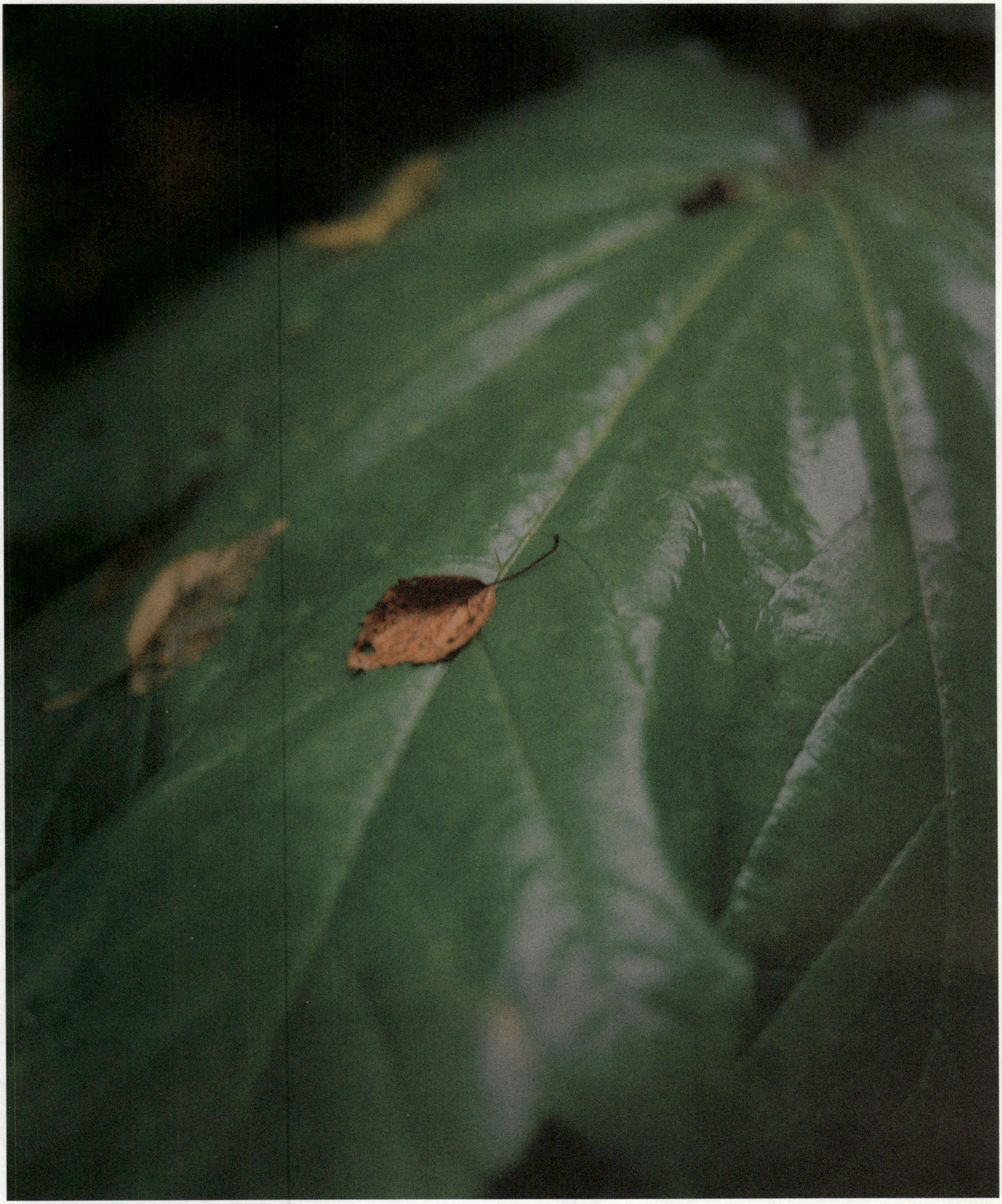

Dankwoord

Na dit avontuur van acht reizen, verspreid over vier jaar, zijn er een hoop mensen die wij willen bedanken. Zonder hen was ons Borealis-project niet mogelijk geweest. In Noorwegen: Ben-Arne Sotkajærvi en Sven Randa. Op Hokkaido: de Universiteit van Sapporo, Simeon Bryanin, Takeshi en Yukiko Shikama en Kentaro Takagi – bedankt voor de gastvrijheid.

In Schotland willen we Alan Watson Featherstone van de organisatie Trees for Life bedanken voor het *rewilden* van het Caledonische woud. En dank aan Frank Spencer Nairn. In Canada veel dank aan onze Cree-vrienden: Steven Blacksmith, Jonathan Blacksmith, Johnny Paul Picard, Don Saganash en Stanley Saganash – we komen graag nog eens terug als het iets warmer is. Philippa Duchastel de Montrouge, Claude Beauséjour en Nora van der Hoeven van Greenpeace Nederland en Canada.

In Berdisjicha, Rusland: Alex Tugushin, Tonya en Gennady Tugushin en zijn vat met zelfgestookte cognac. Voor de wintertraining met de mariniers gaat onze dank uit naar Mark Brouwer en Cees Baardman van het Korps Mariniers. We zullen de ijskoude duik en de mooie tijd in het bos nooit vergeten. In Boerjatië, Rusland: onze onmisbare gids, vriend en chauffeur Evgeny Dagbaev en Maria Abramovitch, zonder wie niets was gelukt in Siberië. Andrey Borodin, alle vrijwilligers en Greenpeace Rusland.

In Alaska: de piloten die ons veilig naar en van de *cabin* vlogen. De ijsduiker die ons de hele periode gezelschap heeft gehouden en de beren die we niet gezien hebben.

Terug thuis willen we Niels Famaey en Sarah Theerlynck van Lannoo bedanken voor de fijne samenwerking en het vertrouwen in dit boek, Koen Warlop voor de drukwerkbegeleiding, de mannen van Control Taal Delete voor het redactiewerk en Vicky Morrison voor de Engelse vertaling.

Wout de Vringer voor de jarenlange samenwerking en het glasheldere design. Marc Prüst voor de talloze brainstormsessies en het gezamenlijke editproces. Mischa Bonis van Ginneken voor de beeldbewerking en het perfectionisme. Thomas Peters voor de mooie houten cassettes van de *special edition*. Daniel Boham en Whydonate voor de website en abonnementen.

Enorm veel dank gaat uit naar onze sponsors en projectpartners, zonder wie dit project niet gerealiseerd had kunnen worden. Van de ASN bank: Maartje Maas, Henk de Ligt en Andre Kragtwijk. Van Staatsbosbeheer: Peter van der Jagt, Imke Boerma en Matthijs Schouten. Julie Decker, Ryan Kenny en de mensen van het Anchorage Museum, bedankt voor het steunen van ons project en het op de kaart zetten van het fantastische Noorden. Wim van Sinderen en Willemijn van der Zwaan van Fotomuseum Den Haag: bedankt voor jullie vertrouwen in dit project.

Onze collega's van dagblad *Trouw*: Wendelmoet Boersema, Wybo Algra, Danusia Schenke en Cees van der Laan, bedankt voor de fijne samenwerking. Ook veel dank aan Carol Verheij en Benno van Marum voor de steun. Arjan van der Raadt en Michael Windig van fotolaboratorium De Verbeelding en Ronald Engelsman van Frame Products. Calumet Rotterdam en de Leica Store in Amsterdam. Ook veel dank aan Roy Kahmann en Lotte Ekkel van de Kahmann Gallery.

Kees Leenders, Maarten Swinkels, Marjan van Kampen, Guus Boudestein, Wendalien Roozendaal, Jelle Roorda en Letje Vermunt van stichting NomadsLife, bedankt voor het stroomlijnen van onze wilde ideeën.

En natuurlijk zeer veel dank aan onze sponsors van het eerste uur: de abonnees op onze *Borealis*-cassette.

Ilze en Marscha, en de drie biljoen bomen op deze planeet: zonder jullie zou de wereld maar grijs en saai zijn.

Acknowledgements

After this eight-trip adventure spread across four years there are numerous people we want to thank. Without them, our Borealis project would not have been possible. In Norway: Ben-Arne Sotkajærvi and Sven Randa. On Hokkaido: The University of Sapporo, Simeon Bryanin, Takeshi and Yukiko Shikama, and Kentaro Takagi, thanks for the hospitality.

In Scotland we'd like to thank Alan Watson Featherstone from the organisation Trees for Life for rewilding the Caledonian Forest. And thank you to Frank Spencer Nairn. In Canada, many thanks to our Cree friends: Steven Blacksmith, Jonathan Blacksmith, Johnny Paul Picard, Don Saganash and Stanley Saganash. We'd love to come back again when it's warmer. Thanks too to Philippa Duchastel de Montrouge, Claude Beauséjour and Nora van der Hoeven from Greenpeace Netherlands and Canada.

In Berdyshikha, Russia: Alex Tugushin, Tonya and Gennady Tugushin and his barrel of home-distilled brandy. For the marines' winter training, our thanks go to Mark Brouwer and Cees Baardman of the Marine Corps. We will never forget the ice-cold dip and the wonderful time in the forest. In Buryatia, Russia: our indispensable guide, friend and chauffeur Evgeny Dagbaev and Maria Abramovitch, without whom nothing would have worked in Siberia. Andrey Borodin, all volunteers and Greenpeace Russia.

In Alaska: the pilots who flew us safely to and from the cabin. The great northern loon who kept us company throughout our stay, and the bears that we didn't see.

Back home, we'd like to thank Niels Famaey and Sarah Theerlynck from Lannoo for the excellent collaboration and their belief in this book, Koen Warlop for the printing support, the people at Control Taal Delete for the editing work, and Vicky Morrison for the English translation.

Wout de Vringer for the many years of collaboration and the crystal-clear design. Marc Prüst for the numerous brainstorming sessions and the collective editing process. Mischa Bonis van Ginneken for her image editing and perfectionism. Thomas Peters for the beautiful wooden cassettes for the special edition. Daniel Boham and Whydonate for the website and subscriptions.

Our heartfelt thanks goes to our sponsors and project partners, without whom this project could never have been brought to fruition. From ASN bank: Maartje Maas, Henk de Ligt and Andre Kragtwijk, and from Staatsbosbeheer: Peter van der Jagt, Imke Boerma and Matthijs Schouten. Julie Decker, Ryan Kenny and the people from the Anchorage Museum, thank you for supporting our project and putting the fantastic North on the map. Fotomuseum Den Haag: thanks to Wim van Sinderen and Willemijn van der Zwaan for your belief in this project.

To our colleagues from the newspaper Trouw: Wendelmoet Boersema, Wybo Algra, Danusia Schenke and Cees van der Laan, thank you for the wholehearted collaboration. Many thanks too to Carol Verheij and Benno van Marum for their support. Arjan van der Raadt and Michael Windig from De Verbeelding photo lab and Ronald Engelsman from Frame Products. Calumet Rotterdam and the Leica Store in Amsterdam. Many thanks also go to the Kahmann Gallery; Roy Kahmann and Lotte Ekkel.

Kees Leenders, Maarten Swinkels, Marjan van Kampen, Guus Boudestein, Wendalien Roozendaal, Jelle Roorda and Letje Vermunt from the NomadsLife foundation, thank you for streamlining our wild ideas.

And of course, we are especially grateful to the sponsors who have been with us from the start. The subscribers to our Borealis cassette.

Ilze and Marscha, and the three trillion trees on our planet: what a grey and boring place the world would be without you.

Colophon

Borealis, *trees and people of the northern forest*

This book is published in conjunction with the exhibitions
Borealis, life in the woods at Fotomuseum Den Haag,
The Netherlands—2021 and Anchorage Museum, Alaska,
United States—2021.

There is a limited edition available combining book, prints,
two essays and six relics from our trips together in a beautifully
crafted birch wooden box with eight compartments.
Numbered 001/500 to 500/500 and signed.

Photographs
Jeroen Toirkens © 2016–2020

Text
Jelle Brandt Corstius © 2020

Book design
Wout de Vringer

Book edit
Marc Prüst, Jeroen Toirkens

Copy-editing
Control Taal Delete (Jeroen Duvillier en Geert Van der Hallen)
Robert Fulton

Image editing
Mischa Bonis van Ginneken

Translation
Vicky Morrison

Printing
Wilco BV

FSC-certified papers
Dustjacket: X-Per White 120 g/m
Hardcover: Imitlin flat Neve 125 g/m
Pages: Arcoprint Milk 70 g/m & Tatami white 150 g/m

Production
NomadsLife foundation

Carbon footprint
In 2017 we visited the Trees for Life project in Scotland. After our
trip, we decided to donate a grove to be planted in Glenn Affric.
We did this firstly because we were impressed by the heartening
and excellent work of Trees for Life. Secondly, because we were
looking for a way to offset the carbon footprint we cause by
traveling around the world for this project. Up to the release of
this book we have planted a total of 165 trees, one for each
subscriber of our project. We will continu to add trees to our
grove. If you want to donate a tree to our grove as well you can
do so at: treesforlife.org.uk

Thanks to our project partners

ASN Bank

Staatsbosbeheer

Media partner
Trouw

Trouw *deVerdieping*

Exhibition partners
Fotomuseum Den Haag

fotomuseum den haag

Anchorage Museum

ANCHORAGE MUSEUM

Thanks to
De Verbeelding, Purmerend
Frame Products, Amsterdam
Calumet, Rotterdam
Leicastore, Amsterdam
Paper by Fedrigoni, Amsterdam

www.borealis.cc
www.nomadslife.com
www.kahmanngallery.com
www.lannoo.com

© Lannoo Publishers, Tielt, Belgium, 2020
D/2020/45/377 – NUR 653/652
ISBN: 9789401452373

If you have any questions or comments about the material in
this book, please do not hesitate to contact our editorial team:
markedteam@lannoo.com

This book is
MARKED

MARKED is an initiative by Lannoo Publishers
www.marked-books.com #AREYOUMARKED

Thanks to our subscribers

Björn Accoe
Marc Arts
ASL
Elly Bal
Frederik Balhuizen
Bart Bel
Pierre Bessard
Jan Willem Biekart
Arjan Blok
Ingrid & Wim Blok
George Boer
Lars & Fransje Boering
Wendelmoet Boersema
Familie Boersma
Daniel Boham
Frank Böhnke
Philip Bonnike
Petra Bosse
Guus Boudestein
Hanneke Brand
Catharina Brons
Gerdien Buisman
Frank Castelein
Marin De Boer
Trix De Boer
Ulbe Jan De Boer
Esther & Paul De Boer-Pegels
Marieke De Geus
Joukje De Groot
Petra De Hamer
Marit De Vries
Wout De Vringer
Julie Decker
Annet Delfgaauw
Denktank De Hoorneboeg
Linelle Deunk
Stephanie Duijnisveld
Ronald Engelsman
Michiel Fokkema
For Hanna
Jolieke Franck
Coen Geertsema
Maurits Geuze
Ralph Goedhart
Wim Groenenboom
Ton Grote
Yvonne Hajunga
Hélène Hartman
Gabor Helmhout
Akiem Helmling
Irene Hendriks
Simone Henken
Esther Hessing
Geert & Mies Hoekstra-Tijssen
Bart Hogendoorn
Doreen & Hans Janssen
Hans Jaspers
Roy Kahmann
Christoffel Klap
Angela Kop Jansen

Jaap Krommendijk
Albert Kruidhof
Marjon Kuijs
Sonja Kulzer
Frederique Lambooy
Kees Leenders
Marco Leene
Anita Lensink
Eric & Linda Lugtmeijer-Lans
Herbert & Marion Luiten
Maartje Maas
Lex Martens
Carola Martin
Laura Melissen
Marcel Molle
Lammie Nijsingh
Paul Noort
Wendie Ockeloen
Rob Oostveen
Tim Orriens
Edie Peters
Thomas Peters
Erik Ploeg
Machteld Punt
Lilian Radder
Beate Reismann
Kees Rijken
Manouk Rijper
Odilia Ritzer
Ilze Rokven
Familie Roorda
Wendalien & Marc Roozendaal-Prüst
Joop Roskamp
Danusia & Sjoerd Schenke-Schuit
Lodewijk Schlingemann
Rob Schouw
Gerrit Schreurs
Jan Schuttert
Monica Shah
Patty Siemons-De Wolff
Bart Sikkes
Petra Sjouwerman
Gerard Staals
Johan G. Steller
Siebe Swart
Maarten Swinkels
Wencke Taatgen
André Terlingen
Charles Terwindt
Willy & Tonnie Toirkens
Michael Trepel
Sien Trotz
Clemens Van Boheemen
Carlos Van Boven
Robin Van Boxsel
Rita & Vivine Van Breemen-Van De Velden
Rogier Van Den Braak
Reinoud Van Den Broek
Marca Van Den Broek
Corine Van Den Broek

Jose & Gerard Van Den Ende-Klerk
Jasper Van Der Ham
Rick Van Der Heijden
Peter Van Der Jagt
Frank Van Der Kruk
Edward & Diane Van Der Marel
Donald Van Der Peet
Diete Van Der Woude
Pauline Van Der Zee
Jan-Willem & Marjolein Van Der Zwaan
Rianne Van Dijck
John Van Dijen
Kees Van Dijk
Klaas Van Dort
Marjan Van Kampen
Stephaan Van Klaveren
Anita Van Lieshout
René Van Lopik
Benno Van Marum
Manon & Ger Van Middelkoop-Kwakkel
Rosemarie Van Neer
Maarten Van Noort
Marien Van Os
Wim Van Putten
Frank Van Reemst
Lan Van Rijt
Sam Van Rooij
Lia Van Schaardenburg
Kees Van Spaendonck
Richard Van Viersen
Ginetto Van Wolferen
Ferry Verheij
Carol Verheijen
Monique Vermeulen
Paul Vermeulen
Jacqueline Vernooij
Rob Verweij
Alexander Villaverde
Baukje Vogel
Jeroen & Natasja Voskamp
Floortje Vriezema
Lies Wajer
Bastiaan Woudt
Tineke Yurumez-Kroon
David, Letje & Enkhhuslen Zuijdgeest